EN ESPAÑOL

LEGENDS

EN ESPAÑOL

LEGENDS

THE 100 MOST ICONIC HISPANIC ENTERTAINERS OF ALL TIME BY PEOPLE EN ESPAÑOL

Celebra

Published by New American Library, a division of
Penguin Group (USA) Inc., 375 Hudson Street,
New York, New York 10014, USA
Penguin Group (Canada), 90 Eglinton Avenue East, Suite 700, Toronto,
Ontario M4P 2Y3, Canada (a division of Pearson Penguin Canada Inc.)
Penguin Books Ltd., 80 Strand, London WC2R 0RL, England
Penguin Ireland, 25 St. Stephen's Green, Dublin 2,
Ireland (a division of Penguin Books Ltd.)
Penguin Group (Australia), 250 Camberwell Road, Camberwell, Victoria 3124,
Australia (a division of Pearson Australia Group Pty. Ltd.)
Penguin Books India Pvt. Ltd., 11 Community Centre, Panchsheel Park,
New Delhi - 110 017, India
Penguin Group (NZ), 67 Apollo Drive, Rosedale, North Shore 0632,
New Zealand (a division of Pearson New Zealand Ltd.)
Penguin Books (South Africa) (Pty.) Ltd., 24 Sturdee Avenue,
Rosebank, Johannesburg 2196, South Africa

Penguin Books Ltd., Registered Offices:
80 Strand, London WC2R 0RL, England

First published by Celebra,
a division of Penguin Group (USA) Inc.

First Printing, October 2008
10 9 8 7 6 5 4 3 2 1

Set in Belizio and The Sans
Designed by Laura Lindgren

Printed in China

PUBLISHER'S NOTE
While the author has made every effort to provide accurate telephone numbers and Internet addresses at the time of
publication, neither the publisher nor the author assumes any responsibility for errors, or for changes that occur after
publication. Further, publisher does not have any control over and does not assume any responsibility for author or third-
party Web sites or their content.

The scanning, uploading, and distribution of this book via the Internet or via any other means without the permission of
the publisher is illegal and punishable by law. Please purchase only authorized electronic editions, and do not participate in
or encourage electronic piracy of copyrighted materials. Your support of the author's rights is appreciated.

CONTENTS/CONTENIDO

FOREWORD

by Armando Correa

■The last time I spoke with Celia Cruz, her voice still had the vivacity of a goddess. Battling back from a terrible disease, she was preparing for what would be her final public appearance. Three months later, her voice would be extinguished forever. Today, we are left with her music, her unequaled sense of rhythm, her cries of "¡Azúcar!" and her undying image.

Celia Cruz is the epitome of what we call a Legend.

Now, selecting a list of 100 Hispanic Legends of Celia's caliber from all across the entertainment world is a titanic endeavor. Should we focus on the celebrities who are no longer with us? Or should we open it up to include those whose stardom is still on the rise?

The 100 Legends that you will find in these pages are landmark personalities in their cultures and countries, having left their mark on the golden age of Hollywood, won Oscars and Grammys, and dominated the charts in a way that Hispanics at one time never would have dreamed. And some of them are still captivating the public's attention today.

Were any legends left off this list? There's no doubt that Hispanics could add names to this list *ad infinitum.*

What's for sure is that *Legends* is a book celebrating our culture's iconic figures, and the different generations of Hispanics throughout an America defined by diversity.

But what does an artist have to do to truly be considered a legend? Is it purely their talent on screen or on the stage? Is it their life? Their beauty? Many times the myth surrounding a star shines more brightly than their true self.

That's the case with María Félix, whose imposing beauty and mesmerizing, penetrating eyes lit up the world of Mexican cinema. She imbued her films with her own romances, her own personality, her words, her life. The diva, who died on her birthday, once said that she never bothered to count the passing of years, because "I'm much too busy living them."

Legends live on in quotations such as this, or—sometimes—in the impact that they have. I remember one particular occasion where the Mexican singer, actress, and businesswoman Thalía was meeting me for an interview at an exclusive restaurant on Manhattan's Upper East Side. None of the other customers there were Hispanic. The door opened, and there she was, looking vibrant with her simple pink blouse, tailored slacks, and shiny, loose hair. An overwhelming silence swept over the restaurant as she walked in. Heads turned to watch the lovely young woman—unknown to them—as she walked confidently over to my table, ready to give one of the thousands of interviews she's given over the course of her career. While we talked, people were constantly turning to look at her, her gestures, her smile, perhaps wondering how she managed her elegant, luxurious hair.

Thalía, whose career began at an early age and who has now conquered the world with her music and acting talents, has what they call "star power."

It's an innate gift. The same gift belonging to the Brazilian actress Sonia Braga, who has taken the world by storm with her sensuality, her acting abilities, and that certain look about her which even today seems to frame her like a magical halo every time she appears on screen.

That special gift was once again put on display in 2005 when *People en Español* published a photo array of its 50 Most Beautiful People. There, at a studio in Miami, Sonia Braga mingled with television stars like María Celeste Arrarás and Karyme Lozano, singers like Paulina Rubio, and supermodels such as Inés Rivero. From the moment that Sonia appeared wearing a svelte white Narciso Rodríguez dress, the energy, the vibe she gave off among her colleagues was indescribable. Ignoring the camera, the 55-year-old woman let her sensuality run free as she interacted with the others, some of whom were star struck and nervous themselves. Looking at the results, it's clear that Sonia Braga is a legend among the stars.

Another true living legend is Luis Miguel. After more than thirty years in the industry, he continues to capture the public's attention with his powerful, unique voice. And like any legend, he is linked to a number of incredible stories. The tragic, mysterious disappearance of his mother (whose status still has yet to be determined), his numerous romantic relationships, and the birth of his son have all kept him hovering in the public's eye.

Once I met with him in a luxurious Beverly Hills hotel. He was dressed completely in black, with a deep suntan and impeccable hair. It was just supposed to be a basic interview—no cameras—but he was clearly ready in case the stray flashbulb was to pop and catch him unaware. Everything was perfect: him, his look, and his suite. His eyes were attentive, his speech unhurried, and his voice sounded completely different than it does on the radio. It was less intense, calm and yet firm at the same time. Luis Miguel knew how to avoid any question he wasn't comfortable with. There came a time when it even seemed as if he were controlling the interview. He would flash a captivating smile at each incisive question, and steer his answer down the road he wanted it to go.

On a different occasion, my interview with "El Sol" was supposed to take place somewhere near Miami Beach. I was driving along the bridge connecting the city to the beach, and was receiving instructions via my cell phone ever minute or so, since neither the time nor the place had been pre-established. I was to find my way to Fisher Island, get on a boat, and wait for further instructions. The boat took me to a restaurant at the foot of the beach where I waited comfortably for half an hour or so. Finally, I was taken to a monumental yacht where Luis Miguel, dressed in white and barefoot (I also had to remove my shoes) welcomed me with that broad smile of his.

I've seen his concerts, and I've witnessed how he captivates the public's attention. And I know that he continues to weave his legendary status to this very day.

As time goes by, stories such as this one are passed along from person to person. They become enriched, they become inventions, and eventually they seem somehow to blur the subtle distinction between reality and fiction.

Today, "The Grand Dame of Tango," Libertad Lamarque, is of course remembered for her films, her beauty, and the special manner in which she sings. But she also lives on in our collective memory as the woman who confronted Eva Perón, an act which ultimately forced her into exile. The years pass, and forgetting is cruel.

With this book, we are trying to rescue the past, and to make sure that all these stories survive beyond our collective memory.

Some readers will learn for the first time that the great-grandfather of the legendary Desi Arnaz was named mayor of Santiago de Cuba by the Queen of Spain, and that his maternal grandfather was one of the founders of the world famous Bacardí Rum.

That Charlie Chaplin considered the one-of-a-kind Cantinflas was the greatest comedian in the world. That Roberto Gómez Bolaños was nicknamed "Chespirito" because a film director found him as intelligent as a little Shakespeare.

That Marco Antonio Muñiz, also known as "the Magnificent Mexican," was at one time the assistant to such stars as Benny Moré and Libertad Lamarque.

Or that a young Pedro Vargas sang in the church choir, and was so beloved by the parishioners that mass became a standing-room only event.

They might even learn that the legendary salsero Johnny Pacheco studied at the prestigious Julliard School of Music in New York.

Or that the Nobel Prize–winning Colombian author Gabriel García Márquez once said that he would trade all of his life's work for the chance to write one song by the great Armando Manzanero.

Did you know that Ernest Hemingway first taught Sarita Montiel to smoke cigars?

And who is the youngest legend to appear in this book? At 31 years of age, Shakira has garnered a spot on this selective list.

Readers will also learn that Hollywood's first "Latin lover" was Ramón Novarro, who worked alongside Greta Garbo, and was cousins with Dolores del Río and Andrea Palma.

And that the mythical Sara García, known first as the mother and then as the grandmother of Mexican film, had her teeth pulled at a young age in order to fully look the part of a grandmother.

This is a book of memories. Each photograph reflects the time and splendor of each legend. It covers several generations, and displays all the colors of the Americas. It is an homage, a tribute, a celebration, a voyage into the past whose goal is to bring the enduring back into the present.

Libertad Lamarque once said that memory was a strange thing, because it can fade away with time. "But I prefer to remember," she affirmed.

We can hold on to those memories through the pages of this book.

PREFACIO

por Armando Correa

■ La última vez que hablé con Celia Cruz, su voz aún tenía el ímpetu de una diosa. Recién se recuperaba de una batalla aún no perdida contra una terrible enfermedad y se aprestaba a lo que sería su última aparición pública. Tres meses más tarde su voz se apagaría para siempre. Hoy nos queda su música, su ritmo inigualable, su grito de "¡Azúcar!", su imagen imperecedera.

Celia Cruz es por excelencia lo que llamamos una leyenda.

Ahora, seleccionar 100 leyendas hispanas del mundo del entretenimiento al nivel de una Celia Cruz es tarea titánica. ¿Deberíamos centrarnos en las celebridades que ya no están con nosotros o deberíamos abrir las puertas para las grandes figuras que han trascendido y que su carrera aún sigue en ascenso?

Las 100 leyendas que se encuentran en estas páginas marcaron un hito en la cultura de sus países, impusieron su nombre en Hollywood cuando el cine daba sus primeros pasos, conquistaron premios Oscar o Grammy, o dominaron escenarios a los que nunca antes un hispano ni siquiera hubiera podido soñar con acercarse. Y algunos de ellos aún se mantienen vigentes con el público.

¿Que algunas leyendas se quedaron fuera de esta selección? No hay duda de que los hispanos pueden superar esta lista hasta el infinito.

Lo cierto es que *Leyendas* es un libro de celebración a los íconos de nuestra cultura, a las diferentes generaciones de hispanos en una América marcada por la diversidad.

¿Pero qué hace que un artista se convierta realmente en una leyenda? ¿Es su talento como cantante, como actor? ¿Es su vida? ¿Es su belleza? Muchas veces el mito alrededor de las estrellas supera a su propia persona.

Ahí está María Félix, con su imponente belleza, su mirada penetrante y misteriosa que iluminó el cine mexicano. Ella trascendió por sus películas, sus romances, su propia vida, su actitud y hasta sus incisivos comentarios. La diva, que murió el día de su cumpleaños, dijo en una ocasión que no contaba los años "porque estaba demasiado ocupada viviéndolos".

Las leyendas viven además de sus famosas frases o, en algunas ocasiones, del impacto que provocan. Recuerdo una vez, entre las tantas entrevistas que he realizado a Thalía, cuando la cantante, actriz y empresaria mexicana entró a buscarme en un concurrido restaurante del exclusivo Upper East Side, en la Ciudad de Nueva York, donde ninguno de los comensales era hispano. Al abrirse la puerta, una vibrante Thalía atravesó el umbral vestida con una sencilla blusa color rosa, unos pantalones ajustados y su brillante cabellera suelta. Hubo un silencio abrumador. Las cabezas se voltearon a ver a aquella joven, desconocida para ellos, que caminaba segura a brindar una entrevista más entre las miles que ha dado en toda su carrera. Constantemente alguien se viraba a verla, a detallar sus gestos, su sonrisa o cómo manejaba elegantemente su frondosa cabellera.

Thalía, que comenzó su carrera siendo una niña, que conquistó la televisión de su país y la del mundo con telenovelas que aún siguen cautivando a diferentes culturas, tiene lo que se llama la fuerza de una estrella.

Es un don innato. El mismo que rodea a la actriz brasileña Sonia Braga, quien conquistó al mundo con su sensualidad, su talento como actriz y que, aún hoy, cada vez que su rostro invade la pequeña o gran pantalla deja un halo de magia.

Y ese don especial se hizo notar una vez más durante la sesión de fotos de "Los 50 más bellos" de *People en Español*, en el 2005. Fue en un estudio en Miami y se había seleccionado a estrellas de la televisión (María Celeste Arrarás, Karyme Lozano), cantantes (Paulina Rubio), supermodelos (Inés Rivero) y Sonia Braga, entre otras. Desde el momento que Sonia subió al escenario en un vestido blanco ceñido al cuerpo de Narciso Rodríguez, la energía, la vibra que despertó entre sus colegas fue indescriptible. Se olvidó del lente y, con sus más de 50 años, desbordó su sensualidad, comenzó a jugar con sus colegas, muchas de ellas estáticas y temerosas. Al ver los resultados, Sonia Braga demostró que era una leyenda entre todas las estrellas.

Uno que es un verdadero mito viviente es Luis Miguel. Con más de treinta años de carrera sigue conquistando al público con su poderosa y única voz. Como típica leyenda, alrededor de él se han tejido las más increíbles historias. La trágica y misteriosa desaparición de su madre —hasta el día de hoy no se sabe cuál es su destino— sus innumerables relaciones amorosas, el nacimiento de su hijo que puso casi en vilo a sus fans.

Una vez me encontré con él en su suite, en un lujoso hotel de Beverly Hills en Los Ángeles y me recibió completamente vestido de negro, impecablemente bronceado y peinado. Iba a ser simplemente una entrevista, sin cámaras y él estaba listo para que cualquier lente lo inmortalizara. Todo era perfecto, él y la decoración de la suite. Su mirada atenta, su hablar pausado, su voz completamente diferente a la que escuchamos en los escenarios. Allí era más baja de intensidad, firme y calmada a la vez. Luis Miguel sabía cómo evadir cada respuesta que le resultaba incómoda. Llegó un momento en que parecía que él controlaba la entrevista. Por cada pregunta inquisitiva él lanzaba una cautivadora sonrisa y seguía por los caminos que sólo a él le interesaba transitar.

En otra ocasión, la entrevista se pautó en Miami, cerca de Miami Beach. Yo iba manejando por el puente que une la ciudad con la playa, con el teléfono móvil conectado y recibiendo instrucciones cada minuto. Iba a una entrevista con el Sol y no tenía ni la hora ni el lugar aún pautados. Las instrucciones de una voz misteriosa me iban indicando el camino. Tenía que buscar la entrada a Fisher Island, tomar un barco y ahí me estaría esperando. Luego me llevaron a un restaurante al pie de la bahía, me acomodé para esperar al Sol y a la media hora me llevaron a un monumental yate, donde Luis Miguel, vestido de blanco y descalzo —yo también me tuve que quitar los zapatos— me esperaba con su amplia sonrisa.

Lo he visto en los conciertos, he sido testigo de cómo el público alucina por él. Y sé que aún se seguirá tejiendo su leyenda.

Con el paso de los años, esas historias pasarán de voz en voz. Se enriquecerán, se adulterarán y llegará un momento en que veremos cómo se irá borrando la sutil frontera entre la realidad y la ficción.

Hoy la novia de América, Libertad Lamarque, es recordada indudablemente por sus películas, su belleza, su manera especial de cantar los tangos. Pero también vivirá en la memoria popular como la mujer que se enfrentó a Eva Perón y que le costó el destierro de su patria, Argentina. Los años pasan y el olvido es cruel.

Aquí se intenta rescatar el pasado y lograr que muchas historias sobrevivan más allá de la memoria popular.

Algunos descubrirán que el bisabuelo del legendario Desi Arnaz fue nombrado por la reina de España alcalde de Santiago de Cuba, y que su abuelo materno fue uno de los fundadores del famoso Ron Bacardí.

Que el propio Charles Chaplin describió al inconfundible Cantinflas como el mejor comediante del mundo. Que a Roberto Gómez Bolaños lo llaman Chespirito, porque un director de cine pensaba que era tan inteligente que lo consideró como un pequeño Shakespeare.

Que Marco Antonio Muñiz, conocido como el Lujo de México, fue asistente de dos luminarias como el cubano Benny Moré y la argentina Libertad Lamarque.

Que Pedro Vargas cantaba de niño en una iglesia y tuvo tal aceptación que hasta los que no eran feligreses abarrotaban el recinto para deleitarse con su voz.

Incluso van a descubrir que el legendario salsero Johnny Pacheco estudió en la prestigiosa academia Julliard School of Music, en Nueva York.

Y hasta que el premio Nobel de literatura, el colombiano Gabriel García Márquez, dijo alguna vez que cambiaría toda su obra por escribir una canción como las del gigante Armando Manzanero.

¿Sabían que el escritor Ernest Hemingway enseñó a fumar puros a Sarita Montiel?

¿Y quién es la leyenda más joven que aparece aquí? Con 31 años, la colombiana Shakira ha integrado la selecta lista.

Además, descubrirán que el primer "latin lover" de Hollywood, Ramón Novarro, quien trabajó al lado de Greta Garbo, era primo de Dolores del Río y de Andrea Palma.

O que la antológica Sara García, quien siempre fue conocida como la madre y después la abuela del cine mexicano, se hizo extraer los dientes siendo muy joven para caracterizar a plenitud a una abuela.

Este es un libro de memorias. Cada fotografía refleja la época de esplendor de cada leyenda. Se abarcan varias generaciones y tiene el color de toda América. Es un homenaje, un tributo, una celebración, un viaje al pasado para volverlo imperecedero.

La misma Libertad Lamarque ha dicho: "Extraño el recuerdo, porque los recuerdos también se van perdiendo y a mí me gusta recordar".

En estas páginas se rescata el recuerdo.

ANTONIO AGUILAR

MAY 17TH 1919 – JUNE 19TH 2007 • 17 DE MAYO, 1919 – 19 DE JUNIO, 2007

■ Actor, singer, producer, and screenwriter, this Mexican artist had a career which included over 150 films (*Valentín de la sierra*, *Gabino Barrera*, *Benjamín Argumedo*, and *Francisco Villa*, to cite a few) and dozens and dozens of hit songs. Pascual Antonio Aguilar Barraza was born in Mexico on May 17th, 1919. He had always wanted to be a singer, and in 1940 he moved to California to study. But when he

> "OUR CHILDREN WERE ALWAYS WITH US; THEY STUDIED ON THE BUS, AND WE NEVER LEFT THEM ALONE. I'VE BEEN A MAN DEVOTED TO MY FAMILY AND TO THE DIVINE GIFT WHICH GOD HAS GIVEN ME: MY WIFE FLORECITA."

reached Los Angeles, he quickly learned the harsh ropes of life as an illegal immigrant, and even had to spend a number of nights in The Church of Our Lady the Queen of the Angels, commonly known as *Plaza Olvera*. Five years later he returned to Mexico, still hoping to make it as a singer, and in 1950 he had his first chance with XEW radio. Suddenly, Mexico had a new star, and what a star he was! He excelled at ranchero comedies as well as impersonating great historical figures like Emiliano Zapata and Gabino Barrera. Antonio Aguilar himself was quite a skilled horseback rider, and—along with his wife, Flor Silvestre, and his two sons, Antonio and Pepe—he performed several equestrian specials. He was always the personification of the great Mexican *charro* (cowboy), as well as an honorable family man. Which is why, when he went on his retirement tour in 2005, the aptly named "El charro de México" included his entire family. They were also at his side when he finally passed away, on June 19th, 2007, at the age of 88, when symptoms of exhaustion brought on lung and kidney failure. In one of his final television appearances, he said that the only thing he regretted about his life was not having more years to spend with his wife. When asked to explain the key to their rock-solid marriage, he replied, "She always worked hard to keep the family together, and I promised her that we would be together until death do us part." And like the good and honorable *charro* that he was, he kept his promise to the end.

■ Actor, cantante, productor y guionista mexicano, realizó una cinematografía que incluyó más de 150 películas (*Valentín de la sierra*, *Gabino Barrera*, *Benjamín Argumedo* y *Francisco Villa*, por citar algunas) y una carrera musical con docenas y docenas de exitosas canciones. Pascual Antonio Aguilar Barraza nació en México el 17 de mayo de 1919. Quiso ser cantante desde siempre y, deseoso de alcanzar ese sueño, en 1940 se fue a California a estudiar canto. A su llegada a Los Ángeles, descubrió lo que es la vida de un inmigrante ilegal; de hecho hasta pasó varias noches durmiendo en la Plaza Olvera. Cinco años después regresó a México, en donde jamás renunció a su deseo de cantar y, en 1950, se le dio la primera oportunidad de hacerlo en la cadena radial XEW. México tenía una nueva estrella ¡y qué estrella! Brilló tanto en las comedias rancheras como en su interpretación de grandes de la historia como Emiliano Zapata y Gabino Barrera. Antonio Aguilar era además un jinete bastante diestro, por lo que junto con su esposa (Flor

> "CON MIS HIJOS SIEMPRE ESTÁBAMOS EN TODAS LAS PRESENTACIONES, ELLOS ESTUDIARON EN UN AUTOBÚS, NUNCA LOS DEJAMOS SOLOS, HE SIDO UN HOMBRE ENTREGADO A MI FAMILIA Y A ESE REGALO DIVINO QUE DIOS ME DIO COMO ESPOSA, MI FLORECITA".

Silvestre) y sus dos hijos (Antonio y Pepe) realizó varios espectáculos ecuestres. Siempre fue la personificación del gran charro mexicano, pero también del hombre de familia. Por eso, cuando decidió retirarse en el 2005, el bien llamado "Charro de México" lo hizo con una gira en la que le acompañaba su familia. Y con ellos a su lado se despidió de la vida, el 19 de junio del 2007 a los 88 años de edad, cuando un cuadro de agotamiento afectó su funcionamiento renal y pulmonar. En una de sus últimas entrevistas para la televisión dijo que lo único que le había faltado en esta vida era más años para disfrutar con su esposa. Al explicar la clave de su sólida alianza conyugal, alguna vez dijo: "Ella siempre luchó por la unión familiar y yo le hice una promesa, que estaríamos juntos hasta que la muerte nos separe". Como el buen charro y hombre de bien que siempre fue, cumplió a la perfección con su promesa.

ERNESTO ALONSO

FEBRUARY 28TH 1917 – AUGUST 7TH 2007 • 28 DE FEBRERO, 1917 – 7 DE AGOSTO, 2007

■ A permanent part of Mexican television for over half a century, the so-called Señor Telenovela was exactly that: nobody was more closely linked to Latin American melodramas than he was. And his moniker is quite apt, for Alonso appeared in nearly a hundred series, racking up a list of costars that runs the gamut from Amparo Rivelles

"I DIDN'T INVENT THE TELENOVELA; I'M JUST ONE OF ITS PIONEERS."

and María Félix to Verónica Castro and Jacqueline Andere. Ernesto Ramírez Alonso studied Fine Arts, and after that he did experimental theater and debuted in 1938 as an extra. His "real" debut, however, took place in 1942 in *Historia de un gran amor*, with Jorge Negrete and Gloria Marín. He also worked with Luis Buñuel, narrating his masterpiece *Los olvidados*, and he played the role of Archibaldo de la Cruz in the acclaimed *Ensayo de un crimen*. But his greatest legacy lies in television, and among his credits are classics such as *Senda de gloria*, *El derecho de nacer*, *Corazón salvaje*, *El maleficio*, *Bodas de odio*, *El vuelo del águila*, and *La antorcha encendida*. He was quite happy working in the genre, saying that "I like the work; it's brought me a lot of satisfaction and friends." Regarding his female friends, they included Andrea Palma, Dolores del Río, and Miroslava, but he maintained the closest relationship with María Félix, about whom he said "she is my best friend, and we speak every day. It's a sixty-year friendship, and we've never fought over anything." He never married, though he did adopt two children. With regard to the passage of time and his decades-long history in television, he once said, "I'm not afraid of death…not now, and not when I was young." And he was always open about his age, never considering himself "dated." His explanation? "It's stupid to try to hide your age in a business like this, where everybody knows everything about you."

■ Presencia puntual en la producción televisiva mexicana durante casi medio siglo, el título de Señor Telenovela fue justo y le quedó exacto porque ningún nombre está más ligado a los melodramas latinoamericanos que el suyo. Le llamaron el "Señor Telenovela" porque fue el más prolífico, con alrededor de un centenar, en las cuales trabajó con una lista interminable de figuras, o a quienes hizo famosas, desde Amparo Rivelles y María Félix a Verónica Castro y Jacqueline Andere. Ernesto Ramírez Alonso estudió Bellas Artes y tras hacer teatro experimental debutó en el cine en 1938 como extra, aunque consideraba que su inicio real ocurrió en 1942 en *Historia de un gran amor*, con Jorge Negrete y Gloria Marín. Trabajó con Luis Buñuel narrando el clásico *Los olvidados*, y como actor pasó a la historia en

"YO NO SOY EL INVENTOR DE LA TELENOVELA, SÓLO SOY UNO DE LOS PIONEROS".

la aclamada *Ensayo de un crimen* en el papel de Archibaldo de la Cruz. Su mayor legado fue en televisión, y entre sus producciones se destacan clásicos como *Senda de gloria*, *El derecho de nacer*, *Corazón salvaje*, *El maleficio*, *Bodas de odio*, *El vuelo del águila* y *La antorcha encendida*. Aseguraba ser feliz siendo productor de telenovelas ya que "es un trabajo que me gusta, me ha dado satisfacciones y amigos". Entre sus amigas figuraban Andrea Palma, Dolores del Río y Miroslava, pero la relación más duradera la mantuvo con María Félix, de quien decía: "Es mi mejor amiga, nos hablamos a diario. Una amistad de sesenta años. Jamás nos hemos peleado". Jamás se casó, aunque adoptó a dos hijos. A medida que fue pasando el tiempo, y su historia en la televisión llegó a abarcar varias décadas, dijo: "No le tengo miedo a la muerte ni ahora ni cuando fui joven". Por otra parte, siempre fue abierto con el tema de su edad, pues según indicó no estaba "fechado". Y explicó: "Es tonto quitarse la edad en una carrera como ésta, en donde se sabe todo".

ANGÉLICA MARÍA

SEPTEMBER 27TH 1944 • 27 DE SEPTIEMBRE, 1944

■She's gone through three transformations in her career: from being a child star to becoming "La novia de México" (Mexico's girlfriend) and finally one of the most beloved living legends in all of Latin America. She was born in New Orleans, Louisiana, on September 27th, 1944, and one might argue that the performing arts were there in her genes. Her father (Arnold Federic Hartman) was a well-known musician of German descent, with whom she traveled much of the United States, and her mother (Angélica de Jesús Ortiz Sandoval) was an important theatrical producer. They divorced when she was still very young, at which point she moved to Mexico, and in 1950—still only 6 years old—she won a role in the film *Pecado*. From that point on, instead of playing with dolls or a rattle like other children her age,

"WHEN YOU LOVE SOMEONE, IT'S NOT HARD TO BE A GOOD MOTHER, OR A GOOD DAUGHTER."

she dedicated herself to acting to such an extent that by the time she was 10, she had 14 film credits to her name. And that's not all. She won her first Ariel award for Best Young Actress for her role in *Mi esposa y la otra* (1951), and she appeared alongside the legendary Pedro Infante in the 1954 film *Los gavilanes*. Unlike many child stars whose careers seem to dip during their teenage years, Angélica María was not only active, she was all but unstoppable! At 11, she made her stage debut. In 1962, she became a star in the music world, and—alongside the likes of Enrique Guzmán, Alberto Vázquez, and César Costa—she helped write the book on Mexican rock and roll with songs, films, concerts, and tours. By the end of the decade, she had won some 49 separate honors and awards in Mexico, the United States, and across South America. In the seventies, she wed Raúl Vale, whom she divorced after 14 years of marriage. Their only daughter, Angélica Vale, has followed her mother's footsteps into the world of music and acting. Today, this tireless entertainer is known for her 16 stage appearances, 17 telenovelas, 57 films, and over 200 awards, to name a few of her many notable achievements.

■Ha realizado tres *crossovers*: de niña actriz llegó a ser "La novia de México" y de allí una de las leyendas vivientes más queridas del espectáculo latinoamericano. Nació en Nueva Orleans, Louisiana, el 27 de septiembre de 1944 y se puede decir que traía el arte estampado en las venas. Su padre (Arnold Federic Hartman) era un reconocido

"CUANDO AMAS A ALGUIEN NO CUESTA TRABAJO NI SER BUENA MADRE, NI SER BUENA HIJA".

músico de ascendencia alemana, con el que recorrió de muy pequeña gran parte del territorio norteamericano, mientras su madre (Angélica de Jesús Ortiz Sandoval) fue una importante productora de teatro. Al divorciarse sus padres siendo ella aún muy pequeñita, se mudó a México en donde con tan sólo 6 años debutó en el cine interpretando a un niño en la cinta *Pecado* (1950). Desde entonces bien podría decirse que en vez de jugar a las muñecas o a la casita, como otras niñas de su edad, ella se dedicó a actuar. Así las cosas, a los 10 años ya tenía 14 películas en su haber. Y eso no es todo. Para entonces ya tenía su primer premio Ariel a la Mejor Actuación Infantil por su participación en *Mi esposa y la otra* (1951) y se había dado el lujo de compartir créditos con el legendario Pedro Infante en *Los gavilanes* (1954). A diferencia de muchos niños actores que se retiran de la pantalla durante la adolescencia, Angélica María se mantuvo muy activa ¡e imparable! A los 11 años hasta debutó en el teatro. En 1962 se convirtió en toda una estrella de la música y junto a los ídolos juveniles de esos años, Enrique Guzmán, Alberto Vázquez y César Costa, escribió la historia del rock & roll mexicano gracias a programas musicales, películas, giras y conciertos que realizaron en conjunto. Para finales de esa década había recibido 49 premios y reconocimientos en México, Estados Unidos y Latinoamérica. En los años setenta se casó con Raúl Vale, de quien se divorció 14 años después y con quien tuvo a su única hija, Angélica Vale, quien ha seguido sus pasos actorales. Incansable trabajadora, hoy es reconocida por sus shows de televisión, 16 obras de teatro, 17 telenovelas, 57 películas, 64 fotonovelas y 209 premios en todo el continente, entre otros grandes logros.

DESI ARNAZ

MARCH 2ND 1917 – DECEMBER 2ND 1986 • 2 DE MARZO, 1917 – 2 DE DICIEMBRE, 1986

■The Queen of Spain had made his paternal great-grandfather the mayor of Santiago de Cuba, while his maternal grandfather was one of the founders of the now-famous Bacardi Rum. With such a notable lineage, it's no surprise that he had a privileged childhood. But Desiderio Albero Arnaz y de Acha III would soon learn that life is filled with ups and downs. In 1933, his family lost everything during Fulgencio Batista's revolution, and they had no other choice but to immigrate to Miami where they worked

"REMEMBER, GOOD THINGS DO NOT COME EASY. THE ROAD IS LINED WITH PITFALLS."

cleaning and selling fruit. His audacious instinct led him to try his hand at music, and it wasn't long before Xavier Cugat asked him to join his band in New York. Soon, however, Arnaz returned to Miami to form his own band. After much work pushing a "Latin sound" to American producers, Desi's band began to gain popularity, and soon he had his first musical in hand: *Too Many Girls*. This, when it made it to the big screen, introduced him to his co-star and future wife, Lucille Ball. Shortly thereafter, *I Love Lucy* hit televisions everywhere, airing on CBS from 1951 to 1957. It made Arnaz into one of the most well known comedic actors of the time, although he was never awarded an Emmy for his acting (he only won one as a producer). But besides his on-camera contributions, his behind-the-scenes were quite significant as well. Thanks to his insistence, *I Love Lucy* was filmed before a live studio audience with multiple takes, something that had never been done before. Towards the end of the fifties, CBS bought the rights to the recorded episodes for $4 million. With the show's success and his innovative filming techniques, Desi soon came to own the most successful TV studio of the time. Unfortunately, his marriage didn't move in the same direction, and it ended in 1960. After some sporadic appearances on a number of television shows, Desi left show business with the same attitude with which he'd achieved greatness: optimism. "The success of *I Love Lucy*," he said, "is something that happens only once in a lifetime, if you are fortunate enough to have it happen at all." Retired from the public's eye, Arnaz died of lung cancer on December 2nd, 1986, but his creative genius will live on for centuries.

■La reina de España había nombrado a su bisabuelo paterno alcalde de Santiago de Cuba, mientras que su abuelo materno fue uno de los fundadores del famoso Ron Bacardí. Con tan noble cuna, no es de sorprenderse que haya tenido una infancia privilegiada. No obstante, Desiderio Alberto Arnaz y de Acha III pronto aprendió que la vida estaba tejida de altibajos. En 1933 su familia lo perdió todo durante la revolución de Fulgencio Batista y se vieron obligados a emigrar a Miami, en donde tuvo que trabajar limpiando jaulas y vendiendo frutas. Su instinto audaz lo llevó a incursionar en la música y pronto entró a formar parte de la banda de Xavier Cugat, quien le propuso trabajar con él en Nueva York, pero muy pronto decidió regresar a Miami a establecer su propia banda. Después de mucho trabajo y habiéndole prometido a un empresario "un sonido latino", la banda de Desi comenzó a cobrar popularidad y pronto tuvo en sus manos la invitación de su primer musical: *Too Many*

"LAS COSAS BUENAS NO LLEGAN FÁCILMENTE. EL CAMINO ESTÁ LLENO DE TRAMPAS".

Girls. Éste, al ser llevado a la pantalla grande, lo condujo a conocer a su coprotagonista y futura esposa, Lucille Ball. Al poco tiempo hicieron *I Love Lucy*, show que transmitió la cadena CBS de 1951–1957 y que lo llevó a convertirse en uno de los comediantes más reconocidos de la época, aunque nunca ganó un Emmy como actor (sólo lo ganó como productor). Pero más allá de su aporte ante las cámaras, está su enorme contribución detrás de ellas. Gracias a su insistencia, *I Love Lucy* se grabó frente a una audiencia en vivo, con tiros múltiples, algo que en esa época nunca antes se había hecho. A finales de los años cincuenta CBS le compró por $4 millones los episodios grabados. Con el éxito de *I Love Lucy* y sus innovadoras técnicas de filmación, Desi pronto se convirtió en el dueño del estudio de televisión más exitoso de ese momento. Desafortunadamente, su matrimonio no mantuvo esa misma dirección y terminó en 1960. Tras esporádicas apariciones en varios programas de televisión, Desi se retiró de la misma forma que conquistó el éxito, con optimismo. "El éxito de *I Love Lucy*", dijo, "es algo que solamente ocurre una vez en la vida. Y eso, solamente si tienes la fortuna de que te suceda". Retirado de la vida pública, Arnaz murió de cáncer del pulmón el 2 de diciembre de 1986, pero su genio creativo perdurará por siglos.

ANTONIO BANDERAS

AUGUST 10TH 1960 • 10 DE AGOSTO, 1960

■ Few artists like him have walked among the lights of fame without becoming dazzled themselves, all the while giving off a magisterial light of their own, whether on stage or on screen. His acting abilities have been on full display in such roles as Zorro, Che Guevara, and even as the voice of Puss in Boots for the *Shrek* movies. He was born in 1960 in Málaga, Spain, where he was baptized as José Antonio Domínguez Banderas. His love for the art of acting began during his teenage years when, after watching *Hair*, he decided to enroll at Málaga's Dramatic Arts School. Shortly thereafter, he moved to Madrid, where he joined the Teatro Nacional de España. Soon, he'd caught the attention of Pedro Almodóvar, and together the made a number of films, including 1988's *Women on the Verge of a Nervous Breakdown*, which proved to be a Hollywood success and was nominated for an Oscar for Best Foreign Language Film. Among his first major Hollywood roles was playing Tom Hanks' gay

"THE ONLY CERTAINTY THAT WE ALL SHARE IS THAT ONE DAY WE WILL NO LONGER BE HERE. AND IN MY CASE, WHEN THAT HAPPENS, I WOULD LIKE FOR PEOPLE TO REMEMBER ME NOT AS AN ACTOR, BUT AS A PERSON. I HOPE THAT PEOPLE WILL SAY THAT I TREATED EVERYBODY AROUND ME WITH KINDNESS FIRST, AND THAT I MADE GOOD MOVIES SECOND. THAT I WAS A GOOD PERSON, EITHER NOW OR LATER, IS THE BEST THING THAT MIGHT BE SAID ABOUT ME."

lover in *Philadelphia*. He also made a successful transition to Broadway, picking up a Tony nod for his performance in *Nine*. He was married to the actress Ana Leza from 1988 to 1996, when he met and married Melanie Griffith. Always kind-hearted, he has used his international fame to bring attention to a number of charitable works, including the Fundación Sabera. And although he's now starting to direct a few films (*Crazy in Alabama* and *El camino de los ingleses*), he assures us that his career has barely begun. With that, the public anxiously awaits for the next taste of the phenomenon that is Antonio Banderas.

■ Pocos artistas como él han caminado entre las luces de la fama sin deslumbrarse, y todo mientras luce su talento magistralmente lo mismo en el teatro, el cine y la televisión.

"LA ÚNICA CERTEZA QUE TODOS TENEMOS Y COMPARTIMOS ES QUE ALGÚN DÍA YA NO ESTAREMOS AQUÍ. EN MI CASO, CUANDO ESO PASE, ME GUSTARÍA QUE ME RECORDARAN COMO SER HUMANO MÁS QUE COMO ACTOR. QUISIERA QUE DIJERAN QUE, ANTES DE UN BUEN TRABAJO, APORTÉ UN BUEN TRATO A TODO EL QUE ESTUVO CERCA DE MÍ. QUE FUI UNA BUENA PERSONA, AHORA O DESPUÉS, ES LO MEJOR QUE PODRÍA DECIRSE DE MÍ".

Su capacidad histriónica lo ha llevado a interpretar lo mismo a un carismático Zorro que a un Che Guevara, o incluso ser la voz detrás de dibujos animados como Puss in Boots, en la película infantil *Shrek*. Nació en 1960 en Málaga, España, en donde fue bautizado en la iglesia católica como José Antonio Domínguez Banderas. Su amor por el arte comenzó en la adolescencia, cuando tras ver *Hair*, decidió inscribirse en la Escuela de Artes Dramáticas de Málaga. Al poco tiempo se mudó a Madrid, en donde llegó a ser parte del Teatro Nacional de España. Pronto Pedro Almodóvar lo invitó al cine y juntos hicieron muchas películas, pero fue *Mujeres al borde de un ataque de nervios*, en 1988, la que lo llevó a Hollywood. La cinta fue nominada al Oscar como Mejor Película Extranjera. Entre sus primeros papeles en Hollywood estuvieron el del fiel amante gay de Tom Hanks en *Philadelphia*. También pisó exitosamente Broadway, siendo nominado a un Tony por su participación en *Nine*. Estuvo casado con la actriz Ana Leza desde 1988 hasta 1996 y en ese mismo año se casó con la actriz Melanie Griffith. De noble corazón, ha usado su fama para apoyar innumerables obras benéficas, como la Fundación Sabera. Aunque ya comenzó a dirigir sus primeras películas (*Crazy in Alabama*, *El camino de los ingleses*), opina que su carrera apenas comienza. Y el público espera ansioso por seguirse nutriendo de este fenómeno que es él.

RUBÉN BLADES

JULY 16TH 1948 • 16 DE JULIO, 1948

■His parents named him after the great Nicaraguan poet Rubén Darío, but they couldn't have known that they were engineering a prophecy: their son would also become a social artist, this time with song. Through his raw stories and deeply felt messages, Rubén Blades has taken salsa music to a new level, and thanks to him, it is more than a dance; it is something that people listen to, and even reflect upon. This great musician, singer, composer, and actor was born in Panama City, Panama, on July 16th, 1948. His father was a bongo drummer, while his mother played the piano, sung, and acted in radio programs. Despite the fact that he was surrounded by art ever since he was a child, he decided to study law, and in 1974 he earned his degree from the Universidad Nacional de Panamá, but because of the political situation in his country at the time, he declined to practice. It was then that Rubén turned to music, but not without paying his own way by working in the mailroom at Fania Records in New York. He would have to wait for a year or so, but soon enough he had formed his own band. His big break came in 1978 when, along with Willie Colón,

> "SONGS DON'T EXPIRE, AND ALBUMS DON'T HAVE 'SELL BY' DATES LIKE MILK BOTTLES DO. SONGS LAST FOREVER AND SET NEW STANDARDS FOR FUTURE WORKS. THAT'S WHY I THINK MY WORK HAS LASTED THE WAY IT HAS."

he recorded "Siembra," a landmark song in the musical development of the 20th century. Other successful songs like "Plástico," "Buscando guayaba," and "Pedro Navaja" opened the door to a new sort of music affectionately known as "thinking man's salsa." He won his first Grammy in 1986 for his album *Escenas*, which included a duet with Linda Ronstadt. Other awards were on their way: almost as soon as he'd broken through as an actor, he was nominated for the first of his two Emmys. In 2000, the United Nations named him as a Goodwill Ambassador Against Racism, which turned him back towards another one of his great passions: politics. No matter what he does, one thing is for certain: the compass of his inspiration will take him to more groundbreaking heights.

■Sus padres le pusieron Rubén Darío, como el gran poeta nicaragüense, sin saber que al hacerlo, además de su nombre, estaban inscribiendo una profecía: su hijo llegó a ser un poeta social de la canción. A través de sus crudas historias y profundísimos mensajes, Rubén Blades ha llevado la salsa a nuevas dimensiones y, gracias a él, más que bailarla, grandes

> "LAS CANCIONES NO TIENEN FECHAS DE EXPIRACIÓN, NI LOS ÁLBUMES TIENEN UNA FECHA DE VENCIMIENTO COMO UNA BOTELLA DE LECHE; LAS CANCIONES SE VAN QUEDANDO Y VAN DANDO PAUTAS PARA OTROS TRABAJOS FUTUROS. POR ESO CREO QUE MI TRABAJO HA DURADO TANTO".

masas han querido escucharla y sí, hasta meditarla. Este gran músico, cantante, compositor y actor nació en Panamá, el 16 de julio de 1948. Su padre tocaba el bongó y su madre era pianista, cantante y actriz de radio. Pero aunque desde niño estuvo bombardeado de arte, decidió estudiar derecho, y en 1974 se graduó de abogado en la Facultad de Derecho y Ciencias Políticas de la Universidad Nacional de Panamá. Sin embargo, debido a la situación política que atravesaba su país, no quiso ejercer. En cambio, Rubén se volcó a la música, no sin antes pagar su derecho de piso, pues siendo todo un abogado aceptó trabajar como oficinista en el famoso sello discográfico Fania, en Nueva York. Tendría que esperar un año antes de poder ser su vocalista, aunque por breve tiempo, pues pronto formó su propia banda. Su mayor éxito vino en 1978 cuando, junto a Willie Colón, grabó "Siembra", disco que es considerado como un hito en el desarrollo musical del siglo XX. Con temas como "Plástico", "Buscando guayaba", "Siembra" y "Pedro Navaja" abrió el camino a lo que sería llamada la "salsa intelectual". Su primer Grammy lo ganó en 1986 gracias al álbum *Escenas*, el cual incluía un dúo con Linda Ronstadt. Después vinieron los demás, casi al mismo tiempo que se abría paso como actor, faceta en la que ha sido nominado al Premio Emmy dos veces. En el 2000, las Naciones Unidas lo nombró Embajador Mundial Contra el Racismo, lo que lo impulsó a regresar a otra de sus grandes pasiones, la política. Se dirija hacia donde se dirija, hay una certeza: la brújula de su inspiración sólo puede llevarlo a otra conquista histórica.

SONIA BRAGA

JUNE 8TH 1950 • 8 DE JUNIO, 1950

■Two movies and a telenovela were more than enough to make this Brazilian bombshell one of the most adored exports to arrive in Hollywood in half a century. She made her stage debut at 15, and her film debut two years later. But her true fame lit up in 1975 when she played the sexy title character in the Brazilian telenovela based on the Jorge Amado novel, *Gabriela, Clove and Cinnamon*. The doors of international success were opened to her after starring in the erotic film *Doña Flor and Her Two Husbands* (which was also based on a novel by the popular Brazilian author), making her the unofficial new Latin American sex symbol. Then, in the eighties, she broke onto the U.S. scene by playing opposite William Hurt and Raúl Juliá in the Oscar-winning film *Kiss of the Spider Woman*. Braga would also later star in a big-screen version of *Gabriela*, along with the Italian actor Marcello Mastroianni. During her career, she has also worked with such names as Ben Kingsley, Robert

> "I GREW UP IN A VERY OPEN-MINDED FAMILY. MY FATHER DIED WHEN I WAS VERY LITTLE, SO MY MOTHER WAS REALLY, REALLY INCREDIBLY BUSY TRYING TO PROVIDE FOR US."

Redford, and Clint Eastwood, and besides appearing in a number of U.S. television shows, she also appeared in the film *Bordertown* with Jennifer López and Antonio Banderas. In all, she's been nominated for three Golden Globes. In the world of romance, she has been linked with Robert Redford. Once, commenting on the variety of characters that she's played, she said "You can stay alive. That's the magic of acting."

■Un par de películas y una telenovela fueron suficientes para que esta bomba amazónica se convirtiera en la más adorable exportación brasileña a Hollywood en medio siglo. Debutó a los 17 años en teatro y más tarde en cine. Su verdadera fama empezó a surgir en 1975, cuando protagonizó a la sensual Gabriela en la telenovela brasileña homónima, basada en la novela de Jorge Amado. A nivel internacional

> "CRECÍ EN UNA FAMILIA DE MENTE MUY ABIERTA. MI PADRE MURIÓ CUANDO YO ERA MUY PEQUEÑA, DE MODO QUE MI MADRE ESTABA REAL E INCREÍBLEMENTE OCUPADA TRATANDO DE PROVEER PARA NOSOTROS".

se le abrieron las puertas tras deslumbrar en la cinta erótica *Doña Flor y sus dos maridos*, también inspirada en una obra del popular autor brasileño, que la convirtió en el nuevo símbolo sexual latino. Ya en Estados Unidos, a mediados de los años ochenta alternó con William Hurt y Raúl Juliá en la galardonada película *El beso de la mujer araña*. Braga además coestelarizó la versión fílmica de *Gabriela* con el astro italiano Marcello Mastroianni. En su carrera también ha trabajado con Ben Kingsley, Robert Redford y Clint Eastwood, y además de participar en la televisión estadounidense, recién intervino en la cinta *Bordertown* con Jennifer López y Antonio Banderas. En total ha sido nominada tres veces a los premios Golden Globe. En el ámbito amoroso, entre otros romances, se le ha relacionado sentimentalmente con Robert Redford. Al comentar sobre la variedad de personajes que ha representado, alguna vez dijo: "Puedes mantenerte vivo. Esa es la magia de ser actor".

CHICO BUARQUE

■His father, Sérgio Buarque de Holanda, was one of the most important historians and sociologists in Brazil, which is where Francisco Buarque de Holanda—also known as Chico—was born on June 19th, 1944. His childhood was quite a privileged one, and prominent Brazilian figures like Vinicius de Moraes were frequent guests in his home. Despite the fact that he had studied architecture, when he turned 20 he set out playing music on the local club and college scene, and did so quite successfully. His first record was released in 1965, but it wasn't until "A Banda"

"IN SPITE OF YOU, TOMORROW WILL BE ANOTHER DAY."

came out that he was heralded as a new musical genius for the way in which he melded different Brazilian genres and rhythms. His lyrics were high in social, political, and even spiritual commentary, and he often spoke for the voiceless in Brazilian society. For this, he was arrested in 1968, and a year later he went into self-imposed political exile to Italy. Far from hindering his sense of inspiration, these new developments nourished his creative hunger, resulting in songs which—like "Construção," "O que será," "Olê Olá," and "Canción por unidad latinoamericana"—showed that his fingers were firmly on the nation's pulse. He returned to Brazil and, after performing in virtually every corner of the country, he went international. Then, in the late seventies, he showed a new artistic talent of his: writing screenplays and stage musicals. In 1991 came yet another surprise: the publication of his first novel, entitled *Estorvo*, which was made into a film. He followed that with a second novel, *Benjamin*. When asked in an interview why he combined to such unique arts in one career, he replied: "I write books and music for the same reason: to understand myself better. Sometimes I discover things I wanted to know, and sometimes I find things that I didn't want to uncover."

■Su padre, Sérgio Buarque de Holanda, fue uno de los historiadores más importantes de Brasil país en el que nació como Francisco Buarque de Holanda el 19 de junio de 1944. Su infancia fue tan privilegiada que en su casa siempre tuvo la visita de importantes personalidades de

"A PESAR DE USTED, MAÑANA SERÁ OTRO DÍA".

la cultura brasileña, como Vinicius de Moraes. Aunque estudiaba arquitectura, cuando cumplió los 20 años le dio por participar en shows estudiantiles y concursos musicales, y arrasó en casi todos. En 1965 lanzó su primer disco, pero no fue hasta que compuso "A banda", que la crítica lo acogió como uno de los genios musicales del país, por la forma original en que hermanaba diferentes géneros y ritmos brasileños. Pronto sus letras, de alto contenido social, político y hasta espiritual, se fueron convirtiendo en la voz de aquellos que no tenían voz en la sociedad, y pronto también recibió represalias políticas y tuvo que exilarse en Europa. Sin embargo, lejos de limitar su inspiración, ésta se avivaba con cada nueva experiencia y así fue nutriendo una discografía tan impactante que se catalogó como "pasión nacional" y "artista del siglo", por temas como: "Canción por la unidad latinoamericana", "O que será", "Construção" y "Olê olá". Tras recorrer con su música los cuatro puntos cardinales de su país, la llevó a los mejores escenarios del mundo. Entonces, a finales de los años sesenta reveló otra de sus facetas artísticas: la de escritor de guiones para cine y de obras de teatro musicales. Y en los años noventa, dio otra sorpresa más al publicar su primera novela: *Estorbo*. Más tarde, su primera novela se llevó al cine y luego siguió su segundo libro, *Benjamín*. Al explicar por qué decidió combinar dos carreras tan distintas, dijo en una entrevista: "Escribo tanto libros como música para entenderme mejor. Y a veces descubro cosas que quería y que también no quería descubrir".

VERÓNICA CASTRO

OCTOBER 19TH 1952 • 19 DE OCTUBRE, 1952

■As petite as she was precious and charismatic, this actress, singer, and television host proved that her melodramatic ways could bring the rich, the poor, and even the Russians to tears. Verónica Judtih Sáenz Castro was born in Mexico City on October 19th, 1952, was raised by her single mother, and studied at both the Academia de Andrés Soler and the Universidad Nacional Autónoma de México. In 1970, she was given the title of "El Rostro" by the newspaper *El Heraldo*, owing to her impressive beauty, which opened doors to her in the photonovela and film industries. Her consecration,

> "PARENTS ARE NEVER TO BLAME FOR THE ACTIONS OF THEIR CHILDREN. I DIDN'T HAVE A FATHER AND I TURNED OUT ALRIGHT."

though, came on the set of the 1979 telenovela *Los ricos también lloran*, which she appeared in alongside Rogelio Guerra. It was that melodramatic performance that opened the doors of the world to this sort of Mexican production. Idolized by the public, "La Vero" (as she was commonly known) was invited to meet politicians, featured in English-language media, and the phenomenon reached as far as the Soviet Union. She reaffirmed her international stardom with the telenovelas *El derecho de nacer* and *Rosa salvaje*, and was recruited to star in Italian and Argentine dramas as well. Her down-to-earth speech also brought in great ratings for programs like *Esta noche se improvisa*, *La movida*, *Mala noche ¡no!*, and the reality show *Big Brother VIP*. She had two children, Cristian and Michell, with the comedian Manuel "El loco" Valdés and the businessman Enrique Niembro, respectively. In recent years, she's been in the news more from a fall she took off the back of an elephant while filming a TV show, and the differences she's had with her oldest son, whom she's gone so far as to call "a total loss." Ever the fighter, she has said that 2008 is the year in which she will make a triumphant return to television with an improv variety show full of happiness and cheer…very much her style.

■Tan pequeñita como preciosa y carismática, esta actriz, cantante y conductora de televisión demostró que con sus melodramas también lloran no sólo los ricos, sino los pobres y hasta los rusos. Verónica Judith Sáenz Castro nació en México el 19 de octubre de 1952 y fue criada por su madre. Estudió actuación en la Academia de Andrés Soler y más tarde en la Universidad Nacional Autónoma de México (UNAM). En 1970 ganó el título de "El Rostro", otorgado por el diario mexicano *El Heraldo*, debido a su impresionante belleza. Así se abrió paso en fotonovelas y en el cine. Su consagración, sin embargo, llegó con la telenovela *Los ricos también lloran* que realizó junto a Rogelio Guerra en 1979. Dicho melodrama les abrió las puertas internacionales a las producciones mexicanas. Idolatrada por el público, en sus giras "La Vero" fue recibida hasta por gobernantes, e incluso publicaciones anglosajonas reseñaron el fenómeno de la serie en la Unión Soviética. Refrendó su popularidad internacional con las telenovelas *El Derecho de nacer* y *Rosa salvaje* y fue requerida para estelarizar melodramas en Italia y Argentina. Con su lenguaje popular, además se reveló como conductora con grandes niveles de audiencia en programas como *Esta noche se improvisa*, *La movida*, *Mala noche ¡no!* y el show de telerrealidad *Big Brother VIP*. La actriz tuvo a sus hijos Cristian y Michell con el comediante Manuel "El loco"

> "LOS PADRES NO TENEMOS LA CULPA DE LO QUE HACEN LOS HIJOS. YO NO TUVE PAPÁ Y SALÍ ADELANTE".

Valdés y el empresario Enrique Niembro, respectivamente. En los últimos años ha sido más noticia por la caída de un elefante, que sufrió cuando grababa, y por las diferencias con Cristian, su hijo mayor, de quien incluso llegó a decir que es "una pérdida total". Luchadora incansable, ha dicho que el 2008 es el año en que regresará a la televisión con un programa de variedades alegre, innovador, ameno… muy a su estilo.

MONTSERRAT CABALLÉ

APRIL 12TH 1933 • 12 DE ABRIL, 1933

■ Considered one of the greatest sopranos of the 20th century, this Spanish star of the bel canto has both a voice and a heart of gold. In addition to being admired for the purity, precision, and power of her voice, she is also known for her good humor. During her half-century career, the Barcelona native María de Montserrat Viviana Concepción Caballé has performed on some of the world's grandest stages. She has appeared alongside the three tenors, Plácido Domingo, José Carreras and Luciano Pavarotti, and even recorded the album *Barcelona* with the late Freddy Mercury of the rock band Queen. Still, though, she hasn't let fame get to her head, assuring that "I am not, nor have I ever been, a diva. I'm just Montserrat." At 14, Caballé began studying song at the Barcelona Conservatory, and after finishing her studies in Italy, she made her debut in 1962 on her home soil. And from that moment on, she has performed the majority of the songs in the classical repertoire. The Catalán artist is also something special when it comes to interviews, due to her wealth of stories and anecdotes. "You can sing without any particular technique, and you can even sing without hitting a single note. But one thing you can't do is sing without teeth," she once said. She married the tenor

"WHEN I SING OPERA MY VOICE IS AN INSTRUMENT IN THE HANDS OF THE COMPOSER."

Bernabé Martí in 1964, and their daughter, Montserrat Martí, is also a soprano, who occasionally performs with her mother. Caballé's other great passion is philanthropy, where—in addition to establishing a foundation for needy children in Barcelona—she commonly performs benefit concerts and was named a UNESCO Goodwill Ambassador in 1990. This interest in helping those less fortunate than herself was one of the things that she shared (besides music, of course) with her good friend Luciano Pavarotti. When he passed away, she wrote the following about him: "He had a heart of gold, and it was often tucked away amidst the many humanitarian causes he took on around the world. Like he always said, 'They have to get done, but without the cameras.'"

■ Considerada una de las mejores sopranos del siglo XX, esta estrella española del bel canto tiene voz y corazón de oro. Pero además de maravillar por la pureza, precisión y poder de sus notas, impresiona por su buen humor. En su

"CUANDO CANTO ÓPERA, MI VOZ ES UN INSTRUMENTO EN LAS MANOS DEL COMPOSITOR".

carrera de casi medio siglo, María de Montserrat Viviana Concepción Caballé, nacida en Barcelona, se ha presentado en los más prestigiosos escenarios mundiales. Ha actuado junto a Plácido Domingo, José Carreras y Luciano Pavarotti, e incluso grabó el álbum *Barcelona* con Freddie Mercury, del grupo Queen. Sin embargo, no ha dejado que la fama se le suba a la cabeza. Por eso asegura: "No soy ni nunca he sido una diva, soy sólo Montserrat". A los 14 años de edad, Caballé empezó a estudiar canto en el Conservatorio de Barcelona y tras completar su formación en Italia debutó en 1962 en su terruño. Desde entonces ha interpretado la mayoría de papeles del repertorio clásico. Por sus divertidas anécdotas y comentarios, la artista catalana es también un espectáculo en sus entrevistas. "Tú puedes cantar sin técnica apropiada, puedes cantar incluso sin voz, pero no puedes cantar sin dientes", ha dicho. Casada en 1964 con el tenor Bernabé Martí, Caballé es madre de Montserrat Martí, también soprano y con quien actúa periódicamente. Su otra gran pasión es la filantropía, pues además de establecer una fundación para niños necesitados de Barcelona, es común que participe en conciertos benéficos y desde 1990 es embajadora de buena voluntad de la UNESCO. Ese interés por los menos afortunados del mundo, fue uno de los imanes que la atrajo (además de la música) a su amigo, el tenor Luciano Pavarotti. Cuando éste falleció, ella escribió esto de él: "Ese corazón de oro que él deseaba esconder en todas las acciones humanitarias que llevó a cabo alrededor del mundo. Siempre me decía: 'Hay que hacerlas, pero sin la foto'".

CLAUDIA DE COLOMBIA

JANUARY 18TH 1950 • 18 DE ENERO, 1950

■ Her given name is Blanca Gladys Calas Méndez, and she is one of the first Colombian singers to make it big outside of her native country, eventually appearing at New York's Madison Square Garden. But all those things were achieved under her stage name, Claudia de Colombia, and as that success continued to grow, so did her reputation, from

> "I PREFER TO DO THINGS MYSELF, BECAUSE WHEN IT COMES TO WORK, I'M COMPLETELY INFLEXIBLE."

"Claudia de Colombia" to "Claudia de América" and "Claudia del Universo." Her biggest hits came during the seventies and eighties, and included such songs as "Llévame contigo," "La sombra," and "Río Badillo." One thing led to another, and soon enough she had the opportunity to do film. "Although my heart was and always will be with singing," she once said, "I was really touched when they told me I would be on a big screen combining both singing and acting." Her film career included *Tiempo para amar* and *Un hombre y una mujer con suerte*. The success of her career garnered her a number of international awards, including Spain's Premio Ondas, Panama's Búho de Oro, and her native Colombia's Guardia de Honor Presidencial. In the late eighties, the star singer decided to retire from the stage, but in 2007 she shocked her fans by announcing that she would like to return to singing…though not ballads, but rather reggaeton! On a personal level, Claudia de Colombia currently lives alone in Bogotá, and has been married only once, to Dumas Torrijos, though she won't rule it out as a future option, explaining that she will always love being in love.

■ Su nombre de pila es Blanca Gladys Calas Méndez y es la pionera de los cantantes colombianos en triunfar en el exterior y la primera también en plantarse en el Madison Square Garden de Nueva York. Sin embargo, todas esas conquistas las realizó bajo su nombre artístico, Claudia de Colombia, que muy pronto le quedó chico y a medida que su fama iba creciendo, su título iba ganando territorio al punto que llegó a ser Claudia de América y Claudia del universo. Sus mayores éxitos discográficos se dieron en los años setenta y ochenta, siendo algunos de ellos "Llévame contigo", "La sombra" o "Río Badillo". Una cosa condujo a otra y pronto llegó la oportunidad de hacer cine. "Aunque lo mío era y sigue siendo el canto", dijo ésta una vez, "me emocioné cuando dijeron que me vería en una pantalla enorme y que combinaría ambas pasiones". Entre sus películas se destacan *Tiempo para amar* y *Un hombre y una mujer con suerte*. Su

> "PREFIERO HACER LAS COSAS YO MISMA, PORQUE EN EL TRABAJO SOY UN CUADRADO".

exitosa carrera la llevó a recoger una enorme cosecha de premios como el premio Ondas de España, El Búho de Oro en Panamá y el Guardia de Honor Presidencial de su Colombia natal. A finales de los años ochenta, la exitosa cantante se retiró voluntariamente del espectáculo, pero sorprendió a sus fans cuando a finales del 2007 declaró que le gustaría volver a grabar ya no baladas ¡sino reggaetón! En el plano personal, Claudia de Colombia se casó solamente una vez con Dumas Torrijos y actualmente vive sola en Bogotá, aunque no descarta volverse a casar pues se declara una eterna enamorada del amor.

WILLIE COLÓN

APRIL 28TH 1950 • 28 DE ABRIL, 1950

■ It's rumored that when this legendary salsa star first began to shine, he was so young that his mother had to sign his first record contract. But then, he was always on the fast track, mastering the trombone at 15 and the trumpet at 17. So it should come as no surprise that by 25

> "WE HAVE TO INSTILL A SENSE
> OF MUTUAL SOLIDARITY AMONG LATINOS.
> IF WE CAN DO THAT, EVERYTHING
> ELSE WILL FALL INTO PLACE."

he had already been nominated for his first Grammy, for his record *The Good, The Bad & The Ugly*. Immensely proud of his Latino roots (his grandparents were Puerto Rican), William Anthony Colón Román was born in the Bronx on April 28th, 1950, and he used that connection between his heritage and his upbringing in the United States to give his music a truly universal sound. His abilities as a musician, composer, singer, arranger, and horn player have manifested themselves in the more than 40 albums he's recorded and the 30 million records that he's sold. But without a doubt, his own personal history—as well as that of salsa music in general—has soared to its greatest heights thanks to three transcendental alliances: one with Celia Cruz, another with Héctor Lavoe, and last but not least, one with Rubén Blades. He has very deep-seated social and political beliefs, which is why he called his musical group The Legal Aliens. He is extremely frank, and never hesitant to speak out against any injustice he sees. It's that same passion which has led him to call out the music industry itself: "The fact that there are only three international record labels—and that those three control all the talent—impedes the development of new and different music," he said in an interview. "The big corporations do everything by formulas, so they've basically become cultural factories." Throughout his career, Willie Colón has had a number of gold and platinum records and has won dozens of honors and distinctions. However, to everyone's surprise, in 2007 he announced his retirement from the musical scene. Surely, his millions of fans are crossing their fingers now, hoping that his retirement won't last long.

■ Cuenta la leyenda que cuando comenzó a brillar en la música era tan joven, que su madre tuvo que firmar su primer contrato por él. Es que a su vida todo llegó temprano: a los 15 años ya tocaba el trombón y, a los 17, la trompeta. Así las cosas, no es sorpresa que a los 25 ya recibiera su primera nominación a un Premio Grammy, por su disco *The Good, the Bad & the Ugly*. Orgulloso de sus raíces latinas (sus abuelos eran puertorriqueños), William Anthony Colón Román nació en El Bronx, Nueva York, el 28 de abril de 1950 y pronto hizo que esa conexión con su procedencia, y su crianza en Estados Unidos, fueran la base para que su música tomara un

> "UNA AGENDA MUTUA DE SOLIDARIDAD
> ENTRE LOS LATINOS ES LO QUE TENEMOS QUE
> INCULCAR. SI LOGRAMOS ESO,
> TODO LO DEMÁS SE CONSIGUE".

sonido universal. Sus habilidades como músico, compositor, arreglista, cantante y trombonista quedan de manifiesto en los más de 40 álbumes que ha grabado y los 30 millones de discos vendidos. Pero sin duda, su historia (y la de la música salsa) alcanzan sus mayores brillos en tres alianzas trascendentales: las que hizo con Celia Cruz, Héctor Lavoe y Rubén Blades. Tiene una susceptibilidad política y social muy profunda, de allí que a su agrupación musical la llamara The Legal Aliens (o Extranjeros Legales). Poseedor de una franqueza extraordinaria, nunca ha dudado hablar en contra de cualquier cosa que considere injusta. Y con esa misma pasión, ha pedido un mejor desarrollo artístico dentro de la industria del disco: "El hecho de que haya sólo unas tres disqueras internacionales y que ellas sean las dueñas del talento, impide que se pueda desarrollar una música diferente", dijo en una entrevista. "Las corporaciones hacen todo por fórmulas, se convierten en fábricas culturales". En su exitosa trayectoria, este artista ha cosechado un buen número de discos de oro, platino y diversos reconocimientos. No obstante, y para sorpresa de todos, en el 2007 Willie Colón anunció que se retiraría del espectáculo. Pero claro, sus millones de fans están cruzando los dedos para que este retiro no dure mucho tiempo.

FERNANDO COLUNGA

MARCH 3RD 1966 • 3 DE MARZO, 1966

■Before becoming interested in acting, Fernando Colunga studied engineering, worked as a business administrator, and as a stand-in. But his noble, masculine presence caught the attention of a few producers who quickly realized that behind his good looks was an actor waiting to emerge. All of those traits came together to create one hit telenovela after another, including *María la del barrio, Esmeralda, La usurpadora, Nunca te olvidaré, Abrázame muy fuerte, María Mercedes, Alondra*, and the unforgettable Carla Estrada production, *Amor real*, where he appeared alongside Adela Noriega and Mauricio Islas. Together, the three of them broke ratings records both in Mexico and with international audiences as well. Referring to the frenzy he caused via his telenovelas, he one said that "when they return from Iraq, the Televisa reporters tell me that people there are always asking them about telenovelas. On one occasion, even CNN

> "WHAT THE WORLD NEEDS IS LOVE.
> TELENOVELAS TALK ABOUT IT…
> IT'S UNIVERSAL, AND YOU CAN FIND IT
> IN ANY COUNTRY. IT'S A HEALTHY HOPE."

covered the final episode of *Esmeralda*, because the war stopped for a moment while everyone watched the finale. Just think about it…it's a sort of magic that transcends language itself." He's participated in Mexican film, meeting with similar success, both in adult works like *Fuente Ovejuna* and children's classics like *Cinderella*. In recent years, he's tried his hand as a producer, and in 2007 he appeared in the film *Ladrón que roba a ladrón*. Regarding his personal life, he was once linked to Thalía, which neither of them ever confirmed or denied. But other than that, no other romantic relationships are known about, owing in part to the fact that he is one of the few actors who keeps his personal life very close to his chest.

■Antes de interesarse en la actuación, Fernando Colunga estudió ingeniería, trabajó como administrador de empresas y, finalmente, comenzó a trabajar de doble de cine. Pero su presencia varonil y buen porte llamaron la atención de los productores, quienes pronto descubrieron que más allá de su

> "LO QUE EL MUNDO NECESITA ES AMOR,
> LAS NOVELAS HABLAN DE AMOR, ES UNIVERSAL,
> Y POR ESO SE VEN EN TODOS LOS PAÍSES.
> SON UNA ILUSIÓN SANA".

atractivo físico, tenían frente a ellos a todo un actor. Todos estos elementos hicieron que cada una de las telenovelas en las que participara, se convirtieran en un éxito rotundo: *María la del barrio, Esmeralda, La usurpadora, Nunca te olvidaré, Abrázame muy fuerte, María Mercedes, Alondra* y la inolvidable producción de Carla Estrada, *Amor real*, en la cual actuó con Adela Noriega y Mauricio Islas, y con la cual los tres rompieron récord de audiencia en México y a nivel internacional. Al comentar sobre el furor que ha causado a través de tantas telenovelas, alguna vez comentó: "Cuando regresaron de Irak los reporteros de Televisa me comentaron que la gente les preguntaba por las telenovelas. En una ocasión, hasta CNN cubrió el final de *Esmeralda*, porque la guerra se paró para ver ese final. Imagínate, es una magia que se transmite más allá del idioma". Con el mismo éxito ha participado en el teatro de su país, en donde hace obras para adultos como *Fuente Ovejuna* y clásicos infantiles como *La cenicienta*. En los últimos años ha incursionado como productor y en el 2007 se le pudo ver en la película *Ladrón que roba a ladrón*. En el plano sentimental, alguna vez se le vinculó a Thalía, algo que ninguno de los dos afirmó ni desmintió. Fuera de ese nombre, no se le ha conocido ningún romance ni dentro ni fuera del espectáculo, pues es uno de los actores que guarda con más celo su vida personal.

CELIA CRUZ

OCTOBER 21ST 1925 – JULY 16TH 2003 • 21 DE OCTUBRE, 1925 – 16 DE JULIO, 2003

■ She's known as "La guarachera de Cuba" and "The Queen of Salsa" because nobody else but her has been able to add a touch of royalty and sovereignty to this particular form of music. And she's won so many awards and distinctions that it would take a whole other book just to list them. But maybe it's enough to say that—besides the honorary degrees from Yale, Florida International University, and University of Miami, her star on the Hollywood Walk of Fame, or being

> "THEY USED TO BELIEVE THAT A BRANDY OR A COGNAC WAS GOOD FOR THE THROAT. BUT I HAVE NEVER LIKED ALCOHOL, SO I SAID, 'NO, I WILL TAKE CARE OF MY THROAT BY MYSELF.' SO, WITHOUT ALCOHOL AND WITHOUT DRUGS, I HAVE MAINTAINED MY HEALTH AND MY VOICE.'"

awarded the National Medal of Arts by President Clinton in 1994—Celia Cruz was simply the personification of simplicity and joy itself. And although she always spoke amiably and honestly, there was one secret that she kept closely guarded: her age. Nevertheless, biographers agree that Úrsula Hilaria Celia Caridad de la Cruz Alonso was born on October 21st, 1925, in Havana, Cuba. At the Conservatorio Nacional de Música, she studied piano, music, and voice. And in the early fifties she joined the renowned orchestra Sonora Matancera as a vocalist. There, she met the man who would become the one great love of her life, Pedro Knight. "He was the first member of the group that I met," she once recalled, gleefully. "It wasn't love at first sight, but his attention and kindness won me over. He still makes me breakfast…and if he didn't, there wouldn't be any, because I like being pampered!" Armed with her trademark cry, *¡Azúcar!*, and infectious aura of sweet joy, Celia mania swept across the globe, and thanks to her powerful voice, she would record alongside some of the greatest singers in the world, including Patti Labelle, David Byrne, Wyclef Jean, Gloria Estefan, and Dionne Warwick. That voice transcended both language and time, immortalizing Celia in the hearts of people everywhere. And often, whenever he name comes up, people will nod and say, "Celia is more alive than ever!"

■ Se le llamó "La guarachera de Cuba" y "La reina de la salsa", porque nadie como ella supo imponer un toque de realeza y soberanía a este género musical. Recibió tantas distinciones que sólo para enumerarlas se necesitaría escribir otro libro y quizás todo se resuma diciendo que, más allá de los tres doctorados honoris causa que recibió en vida (de las universidades de Yale, de Florida International y de la de Miami), o de su estrella en el Paseo de la Fama de Hollywood, o de recibir el más alto honor que Estados Unidos concede a un artista (el Nacional Endowement for the Arts) de manos del presidente Bill Clinton, fue la personificación de la sencillez y la alegría misma. Y aunque hablaba de todo con una honestidad genial, sólo guardó con celo un secreto: su edad. Sin embargo, sus biógrafos aseguran que Úrsula Hilaria Celia Caridad de la Cruz Alonso nació el 21 de octubre de 1925 en La Habana, Cuba. En el Conservatorio Nacional de Música de esa ciudad,

> "ANTES SE CREÍA QUE CON UN BRANDY O UN COÑAC LA GARGANTA SE CONSERVABA MEJOR. PERO DIJE: 'NO, YO CONSERVO MI GARGANTA SOLITA'. ASÍ ES QUE, SIN ALCOHOL Y SIN DROGAS, HE MANTENIDO LA SALUD Y LA VOZ".

estudió piano, música y voz. A principios de los años cincuenta surgió su contrato con la Sonora Matancera. Allí conoció a quien sería el único y gran amor de su vida, Pedro Knight: "Fue la primera persona que conocí en el grupo", contaba con alegría. "No fue amor a primera vista, pero sus atenciones y gentileza me fueron conquistando para siempre. Todavía me hace el desayuno… Y si no me lo hace, no desayuno, porque me gusta que me consienta". Armada de una sola expresión —¡Azúcar!— Celia contagió al mundo de su jubilosa dulzura y gracias a la garra de su voz pudo grabar con los más grandes de la música en diversos países: Patti Labelle, David Byrne, Wyclef Jean, Gloria Estefan, Dionne Warwick. Su voz además de escucharse, en su idioma, en el mundo entero, trascendió las barreras del tiempo y se inmortalizó. Con frecuencia, cuando se le menciona, la gente suele decir: "¡Celia sigue más viva que nunca!".

XAVIER CUGAT

JANUARY 1ST 1900 – OCTOBER 27TH 1990 • 1RO DE ENERO, 1900 – 27 DE OCTUBRE, 1990

■He was born in Spain but moved to Havana at the age of 3, where he showed a number of artistic inclinations. By 12, he was already playing the violin in the Orquesta Nacional de la Habana. He immigrated to the United States with big dreams of stretching his musical wings. His first job was as a caricaturist for the *Los Angeles Times*; in the meantime, he was working on forming his band, which quickly earned a record deal in Florida. From there, and later on to New

> ## "I WOULD RATHER PLAY 'CHIQUITA BANANA' AND HAVE MY SWIMMING POOL THAN PLAY BACH AND STARVE."

York, Francisco de Asís Javier Cugat Mingall de Bru y Deulofeo—better known as Xavier Cugat—became one of the true pioneers of Latin music. Thanks to styles such as the mambo, the rumba, the cha-cha-cha, and the tango, people of all ages from all over the world were dancing to The King's music. Some of his all-time greatest hits include "El manicero," "Perfidia," and "Babalú." He also appeared in films like *Holiday in Mexico* and *A Date with Judy*, to mention only a couple of examples. His loving spirit led him to marry four times, but the most constant love in his life was for his music, which accompanied him for over eighty years. His final melodies were recorded in Barcelona, where he moved to following a 1971 stroke. He died there of heart failure on October 27th, 1990.

■Nació en España, pero a los 3 años emigró a La Habana, Cuba, en donde descubrió que tenía inclinaciones artísticas. A los 12 años ya tocaba el violín en la Orquesta Nacional de La Habana. Gigante como sus sueños, emigró a Estados Unidos en busca de ampliar su pentagrama musical. Trabajó

> ## "PREFIERO TOCAR 'CHIQUITA BANANA' Y TENER MI PISCINA QUE TOCAR A BACH Y MORIRME DE HAMBRE".

como caricaturista del diario *Los Angeles Times*, a la vez que formaba su propia banda musical con la que al poco tiempo consiguió un contrato en la Florida. Desde allí primero, y desde Nueva York después, Francisco de Asís Javier Cugat Mingall de Bru y Deulofeo, se convirtió en uno de los pioneros de la música latina. Gracias a él, géneros como el mambo, la rumba, el chachachá y el tango pusieron a bailar a gente de todos los continentes y edades, todo a la vez que ya se le aclamaba como "El rey de la rumba". Por eso algunas de las canciones que compuso en los años treinta o cuarenta se han convertido en éxitos de todos los tiempos, como por ejemplo, "El manicero", "Perfidia" y "Babalú". También incursionó en el cine, en filmes como *Holiday in México* y *A Date with Judy*. Su espíritu enamoradizo lo llevó a casarse en cuatro ocasiones, pero el amor más constante de su vida fue la música, que lo acompañó por más de ocho décadas. Sus últimas melodías las realizó en Barcelona, a donde se mudó tras sufrir un derrame cerebral en 1970. Allí falleció el 27 de octubre de 1990.

DOLORES DEL RÍO

AUGUST 3RD 1905 – APRIL 11TH 1983 • 3 DE AGOSTO, 1905 – 11 DE ABRIL, 1983

■Her true name, Dolores Martínez Asúnsolo y López Negrete, carried a sense of aristocracy that went beyond her family tree and took her straight to Hollywood. The invitation to make her debut in the Mecca of the film industry came in her native Mexico: she was at a party with her first husband when the director Edwin Carewe, was taken with her beauty, and suggested she come and try her luck in Hollywood. "I never thought about film;

> "I THINK THE MOST IMPORTANT THING FOR ME WAS FINDING A SENSE OF SELF, AND FINDING IT IN SPADES, DECISIVELY, AND PASSIONATELY... BECAUSE PASSIONATELY IS THE ONLY WAY I CAN FACE THE DAILY AND EXCEPTIONAL ART OF LIVING."

film thought of me," she would recall years later. In 1925 she got a role as a Spanish countess in the film *Joanna*. A year after her cinematic debut, she was selected by the Western Association of Motion Picture Advertisers as one of their Baby Stars, an honor that she shared with such icons as Joan Crawford and Mary Astor. But the best was yet to come: her masterful performances in films like *What Price Glory?*, *Evangeline*, and *Ramona*. A second marriage, this time to Cedric Gibbons (the artistic director of MGM studios), lasted 11 years and during that time she had a scandalous affair with Orson Wells. After collaborating with him on *Journey into the Fear* (1942), she returned to Mexico. She was already 37 years old, but she soon proved that she could still play the lead in the most current of films, a fact which was confirmed by the four Premios Ariel that she won. Her talent and beauty dominated the Mexican film industry, making her an integral part of its "golden age," while on the international stage she became the first woman to be a juror at the Cannes Film Festival. In 1960, she filmed *Flaming Star* with Elvis Presley, and returned to Hollywood to receive her honorary star on the Walk of Fame. Love was also smiling on her again: in 1949 she began a caring relationship with Lewis Lou Reiley, and American businessman who had settled in Acapulco, and ten years later they would marry. The couple lived together happily until a bout of hepatitis took the life of this great star on April 11th, 1983.

■Su nombre verdadero, Dolores Martínez Asúnsolo y López Negrete, conllevaba una aristocracia que fue más allá del linaje familiar pues la llevó directo a Hollywood. La invitación para que debutara en la meca del cine llegó a su propio país: estaba con su primer esposo en una fiesta cuando el director Edwin Carewe, prendado por su belleza, los invitó a probar suerte en Hollywood. "Nunca pensé en el cine, el cine pensó en mí", recordaría años después. En 1925 hizo el papel de una condesa española en la película *Joanna*. Un año después de debutar en el cine, fue seleccionada por la Western Association of Motion Picture Advertisers como una de sus Baby Stars, un honor que compartió con estrellas como Joan Crawford y Mary Astor. Pero lo mejor estaba por venir: magistrales fueron sus interpretaciones en películas como *What Price Glory?*, *Evangeline* y *Ramona*. Un segundo matrimonio, esta vez con Cedric Gibbons (director de arte

> "PIENSO QUE LO ESENCIAL PARA MÍ FUE HABER SABIDO ENCONTRAR UN SENTIDO A MI PROPIA EXISTENCIA Y HABERME ENTREGADO A ÉL CON PLENITUD, SIN RESERVAS, APASIONADAMENTE: PORQUE SÓLO APASIONADAMENTE PUEDO ENFRENTARME AL COTIDIANO Y EXCEPCIONAL ARTE DE VIVIR".

de los estudios MGM), duró 11 años y justo por esta época surgió una escandalosa relación con Orson Wells. Después de colaborar con Wells en *Journey into the Fear* (1942), Dolores regresó a su México natal. Ya había cumplido los 37 años, pero enseguida demostró que aún podía protagonizar las películas del momento al punto de ganar cuatro Premios Ariel. Su belleza y talento se impusieron de una forma tan rotunda en el cine mexicano, que llegó a ser parte integral de su época de oro, mientras que a nivel internacional fue la primera mujer en ser parte de un jurado en el Festival de Cine de Cannes. En 1960 filmó *Flaming Star* con Elvis Presley y regresó a Hollywood para recibir su propia estrella en el Paseo de la Fama. El amor también le sonrió, pues en 1949 comenzó una relación sentimental con Lewis Lou Reiley, un empresario norteamericano radicado en Acapulco, con quien se casaría una década después. La pareja permaneció felizmente unida hasta que una hepatitis apagó la vida de esta gran estrella, la tarde del 11 abril de 1983.

PLÁCIDO DOMINGO

JANUARY 21ST 1941 • 21 DE ENERO, 1941

■The world-renowned operatic tenor José Plácido Domingo Embil was gifted with a marvelous voice ever since birth; in fact, it may even have been in his genes, as both of his parents were Spanish zarzuela singers. Even so, he never rested on his laurels, and was always fully dedicated to the study of music. When he was 8, his parents moved to Mexico City, where family and friends nicknamed him "El Granado,"

> "THE NERVOUSNESS IS INFINITELY MORE PALPABLE WHEN I SING THAN WHEN I CONDUCT. THE VOICE IS AN INSTRUMENT THAT YOU ALWAYS CARRY WITH YOU, THAT SUFFERS AND LOVES AT YOUR SIDE. IT'S PHYSICAL. ANY LITTLE THING CAN AFFECT IT. BUT WHEN YOU STEP OUT ONTO THE STAGE TO DIRECT, IT'S LIKE YOU'VE LEFT YOUR PROBLEMS OUTSIDE."

because he so enjoyed singing the Agustín Lara song, "Granada." He did his first work at 16, and from then on he never stopped until he was making triumphant appearances in the world's greatest opera houses, from New York's Metropolitan to Milan's Scala, London's Covent Garden, Paris' Bastille, and so on. In all, 124 different operatic works, perhaps 100 albums, 50 videos, and three films combine to make him a true living legend. He has also recorded pop records, and between that and his classical music, he has collected 9 Grammy Awards. In 1993, he founded Operalia, an international opera competition for talented young performers. And although he's always supported a number of noble causes, one of his greatest demonstrations of altruism was on display after the devastating 1985 earthquake that hit Mexico City. There, he took on the most important role of his life: in shirtsleeves, he joined in with rescue workers, sharing his grief with a country in tears after losing thousands of its citizens, including a number of his own relatives. He was once asked in an interview what the key was to maintaining his relationship with his wife of over 40 years, Marta Ornelas. And without hesitation, he answered, "A lot of love and respect. We both just love our life together so much, we have wonderful children, and seven fantastic grandchildren. We are truly fortunate."

■El *tenorissimo* José Plácido Domingo Embil traía desde antes de nacer el don maravilloso de su voz estampado en los genes: sus padres eran cantantes de zarzuela. A pesar de ello, nunca se ha dormido en sus laureles. Desde muy joven se entregó por completo al estudio del bel canto. Cuando era un niño, sus padres se mudaron a la capital mexicana, en donde los amigos y familiares le pusieron un mote: "El Granado", porque le encantaba cantar la canción de Agustín Lara, "Granada". Su primer trabajo fue a los 16 años y, desde entonces, jamás ha parado de trabajar. Se ha presentado triunfalmente en las principales casas de ópera del mundo: la Metropolitan de Nueva York, La Scala de Milán, Covent Garden de Londres, la Bastilla de París… Unos 124 papeles de ópera diferentes y un centenar de discos grabados, así

> "EL NERVIOSISMO ES INFINITAMENTE MAYOR CUANDO CANTO QUE CUANDO DIRIJO. LA VOZ ES UN INSTRUMENTO QUE SIEMPRE LLEVAS CONTIGO, QUE SUFRE Y GOZA A TU LADO. ES ALGO FÍSICO. CUALQUIER COSA LE AFECTA. PERO CUANDO SALES A DIRIGIR, ES COMO SI TE DEJARAS LOS PROBLEMAS EN EL CAMERINO".

como 50 vídeos y tres filmes, hacen de él toda una leyenda viviente. También ha grabado discos de música popular y, entre ésta y la clásica, ha recogido una cosecha de 9 premios Grammy. En 1993 fundó Operalia, una competencia a nivel mundial para descubrir los nuevos valores de la ópera. Aunque siempre ha apoyado innumerables causas nobles, una de sus mayores muestras de altruismo se dio a conocer durante el terremoto que sacudió México en 1985. Allí, encarnó el mejor rol de su vida: en mangas de camisa, se unió a las labores de rescate de un país que lloraba la muerte de miles de sus hijos, entre ellos varios familiares del tenor. Alguna vez cuando se le preguntó cuál era la clave para permanecer con la misma esposa, Marta Ornelas, por más de cuatro décadas, él sin titubear contestó: "Con mucho respeto y amor. Los dos disfrutamos mucho de nuestra vida familiar, tenemos unos hijos maravillosos y siete nietos estupendos. Somos verdaderamente afortunados".

ROCÍO DÚRCAL

OCTOBER 4TH 1944 – MARCH 25TH 2006 • 4 DE OCTUBRE, 1944 – 25 DE MARZO, 2006

■One of the prettiest faces, one of the most powerful voices, and one of the most complete actors that Spain has ever given the world was María de los Ángeles de las Heras Ortiz…"Marieta" to her friends and Rocío Dúrcal to her fans. She was a prodigious talent who enamored of her native country at the age of 10 through a radio program *Conozca a sus vecinos*. By her 15th birthday, she had appeared on TV, and a year later she added movie actress to her list of accomplishments. Her performances in such films as *Canción de juventud*, *Acompáñame*, *Amor en el aire*, and *La novicia rebelde* are unforgettable. In 1969, she found love the kind of full, permanent love we all hope for. It arrived under the name Antonio Morales, a former member of Los Brincos who performed under the stage name of Junior, and only nine months later—on January 15th, 1970—they married

"EVERY ARTIST FIGHTS FOR HIS OR HER PLACE, AND THERE IS A PLACE FOR EACH AND EVERY ARTIST."

in the Monasterio de San Lorenzo de El Escorial. It proved to be one of the strongest marriages in show business, and she once said, "I learned a long time ago that you have to leave one home in order to start your new home. When you encounter difficulties, figure out how to overcome them and do it. Don't just let your family go down the tubes." One thing Rocío did for her family (which eventually included their three children: Antonio, Carmen and Shaila) was to retire in 1975, but she returned two years later when Juan Gabriel wrote some ranchero music for her. They recorded a number of albums together that went on to become mega hits, collecting a number of important music industry awards and confirming her status as one of the Spanish-speaking world's favorite musicians. Sadly, early in the new millennium, she was diagnosed with cancer, and although she fought hard, she lost her battle in March of 2006. One year later, her greatest hits album entitled *Amor eterno* received a Billboard Latin Music Award, demonstrating once again that her talent is everlasting.

■Uno de los rostros más bellos, una de las voces más poderosas y una de las actrices más completas que le ha dado España al mundo, fue María de los Ángeles de las Heras Ortiz, "Marieta" para sus amigos y Rocío Dúrcal para sus fans. Fue una niña prodigio que enamoró a su

"CADA ARTISTA LUCHA POR TENER UN LUGAR Y HAY UN LUGAR PARA CADA ARTISTA".

país natal desde los 10 años a través de un programa radial llamado "Conozca a sus vecinos". Antes de cumplir los 15 años participó en un show de televisión y un año después ya era actriz de cine. Inolvidables son sus actuaciones en películas como *Canción de juventud*, *Acompáñame*, *Amor en el aire* y *La novicia rebelde*. En 1977 conoció el amor de una manera rotunda y para siempre. Llegó bajo el nombre de Antonio Morales, ex integrante del grupo musical Los Brincos y cuyo nombre artístico era Junior. Fueron novios apenas nueve meses, y el 15 de enero de 1970, el Monasterio de San Lorenzo de El Escorial fue testigo de unos votos matrimoniales que jamás se rompieran. Sobre la solidez de su relación, ella diría alguna vez: "Cuando se está educada a la manera de antaño uno tiene que saber que uno se va de un hogar para formar el propio. Cuando hay dificultades, subsanar y ver cómo se arreglan; no tirar todo al garete y destruir un hogar". Para sacar adelante a su familia, Rocío, que fue madre de tres hijos (Antonio, Carmen y Shaila), se retiró del cine en 1975. Regresó dos años después cuando Juan Gabriel le compuso algunos temas de música ranchera. También grabaron juntos varios discos que fueron megaéxitos musicales, arrasaron con los premios más importantes de la industria y la confirmaron como la cantante predilecta de millones. Lamentablemente, al principio del nuevo milenio enfermó de cáncer y, aunque luchó tenazmente por combatirlo, éste cobró su vida en marzo del 2006. Un año después, su disco de éxitos *Amor eterno* recibió un Premio Billboard a la Música Latina, demostrando así que su talento es imperecedero.

GLORIA ESTEFAN

SEPTEMBER 1ST 1957 • 1RO DE SEPTIEMBRE, 1957

■She emmigrated from Cuba to Miami when she was only 2 years old. Life in exile was not easy, and it became even harder when her father returned to Cuba to join in the ill-fated Bay of Pigs invasion. He returned home sick, and it was during those days that her mother, a strong yet loving woman, helped form little Gloria María Milagrosa Fajardo García into a hard-working woman, faithful wife, and successful artist. To that last point, she has over 70 million records sold across the globe, three Grammy awards, and the Ellis Island Congressional Medal of Honor, which is

> "HAVING FELT PEOPLE'S LOVE AND SUPPORT FIRST-HAND THROUGH DIFFICULT MOMENTS IN MY LIFE, MAKES ME FEEL IT'S OUR RESPONSIBILITY TO HELP ONE ANOTHER.

the highest award that can be given to a naturalized U.S. citizen. But before all that, she showed herself to be a strong student, graduating with degrees in Communications and Psychology from the University of Miami in 1978. Around that same time, she was asked to join a group called The Miami Latin Boys, which was led by the man who would become her husband, producer, and best friend, Emilio Estefan. With her addition, the group changed its name to The Miami Sound Machine, and they got the whole world dancing with Anglo-Latin mixes like "Conga," "Dr. Beat," and "Rhythm Is Gonna Get You." In 1989, she released her first solo album titled *Cuts Both Ways*, which went on to sell over 10 million records. But her star was dimmed on March 20th, 1990, when a severe car accident involving her tour bus left her with a fractured spine. After surgery and ten long months of physical therapy, she made a triumphant return with her comeback album *Into the Light*. In the nineties and the early years of the new millennium, her records continued to sell, and in 2006 she added yet another surprise to her résumé: the publication of her first children's book, *The Magically Mysterious Adventures of Noelle the Bulldog*, which quickly became a *New York Times* bestseller. Along with her husband, Gloria has forged a business empire in the hotel and restaurant industry. In 2007, the magazine *People en Español* estimated her personal net worth at over 500 million dollars. And that figure doesn't even include the enormous wealth of her heart.

■Emigró de Cuba a Miami a los 2 años. En el exilio la vida no fue fácil, y menos cuando su padre regresó a Cuba a pelear en la invasión anticastrista de Bahía de Cochinos. Regresó enfermo y durante todo ese tiempo la

> "HABER SENTIDO EL AMOR Y EL APOYO TAN DE CERCA EN LOS MOMENTOS DIFÍCILES DE MI VIDA, ME HA HECHO SENTIR QUE ES NUESTRA RESPONSABILIDAD AYUDARNOS MUTUAMENTE".

figura de su madre, una mujer fuerte y a la vez amorosa, ayudó a formar a la pequeña Gloria María Milagrosa Fajardo García como la mujer trabajadora, esposa fiel y exitosa artista que se convertiría. De eso dan fe más de 70 millones de discos vendidos en todo el mundo, tres premios Grammy y la medalla de honor Ellis Island que le dio el Congreso de Estados Unidos en 1993, entre innumerables reconocimientos. Pero antes, demostró que era una buena estudiante y se licenció en Comunicaciones y Sicología en la Universidad de Miami en 1978. Para ese entonces ya era parte de The Miami Latin Boys, un grupo de músicos liderado por Emilio Estefan, quien con el tiempo se convirtió en su esposo, productor y mejor amigo. La agrupación se convirtió en Miami Sound Machine y a ellos se les considera los responsables de fusionar ritmos latinos con ritmos anglos, lo que puso a bailar a todo el mundo con temas como "Conga", "Dr. Beat" y "Rhythm Is Gonna Get You". En 1989, la cantante se lanzó como solista con el disco *Cuts Both Ways*, del cual vendió 10 millones de copias. Su éxito se vio empañado el 20 de marzo de 1990 cuando en plena gira sufrió un aparatoso accidente automovilístico. Pero tras un año de intensa terapia física, regresó más triunfante que nunca con su disco *Into the Light*. Durante la década de los años noventa y en los primeros años del 2000 siguen sus éxitos discográficos y en el 2006 una sorpresa más: la publicación de su primer libro infantil *Las mágicas y misteriosas aventuras de una bulldog llamada Noelle*, que llegó a ocupar el segundo puesto en la lista de *best sellers* del *New York Times*. Junto a su esposo, Gloria ha forjado un imperio empresarial que abarca varios hoteles, restaurantes y otras empresas. La revista *People en Español* calculó que en el 2007 su fortuna ascendía a 500 millones de dólares. Y eso, sin evaluar la enorme riqueza de su corazón.

JOSÉ FELICIANO

SEPTEMBER 10TH 1945 • 10 DE SEPTIEMBRE, 1945

■The first Latino to conquer the English-language market was, without a doubt, José Feliciano. And for opening that door, he's received a tremendous amount of recognition, including nearly 50 gold and platinum records, 16 Grammy nominations (with six wins), and *Billboard* magazine's Lifetime Achievement Award in 1996. And as if that weren't enough, Public School 155 in Harlem was renamed as The José Feliciano Performing Arts School, while *Playboy* and *Guitar Player* magazines have named him as the best guitarist in the world. Not bad for a Puerto Rican kid born into a humble home along with 11 brothers and sisters. Blind since birth due to congenital glaucoma, Feliciano soon turned to music as his way of seeing the world, and he

> "I HAVEN'T BEEN ABLE TO WIN AN OSCAR FOR BEST ORIGINAL SCORE. BUT I'M STILL TRYING, BECAUSE I'D LIKE TO BE THE FIRST PUERTO RICAN HONORED BY THE ACADEMY OF MOTION PICTURE ARTS AND SCIENCES FOR HIS MUSIC."

mastered the guitar by the age of 9. In the sixties, he was beginning to step out onto the scene, playing at nightclubs around the country. In 1968, he recorded a cover of The Doors' "Light My Fire," which went onto sell more than a million records. And while the English-speaking world was clamoring for more of him, he never forgot about his Puerto Rican roots, recording a number of songs in his native Spanish, including "Reloj," "La copa rota," "Nuestro juramento," "Poquita fe, " and "Usted." Twice married—the first time to Susan Omillan, and the second time to Grisel Velásquez—the singer has always exuded happiness. "When I was younger, blind people didn't have many opportunities," he said in a recent interview. "They sold newspapers, shined shoes, or panhandled, and I didn't want to do any of that. My parents taught me to help myself so I wouldn't feel like I was disabled…That's why I never let anyone call me 'the little blind kid from Lares.' I'm José Feliciano!"

■El primer latinoamericano en conquistar el mercado anglo con su música fue sin lugar a dudas José Feliciano. Y al abrir esa puerta, fue recibiendo muchos reconocimientos, ya que son casi 50 los discos de oro y platino que ha obtenido en su exitosa carrera, además de 16 nominaciones a los premios Grammy (ha ganado seis) y de tener el premio Trayectoria Artística que la revista *Billboard* le otorgó en 1996. Como si fuera poco, una escuela hasta cambió su nombre para reconocerlo. Fue así como la Public School 155 de Harlem se convirtió en The José Feliciano Performing Arts School, mientras que las revistas *Playboy* y *Guitar Player* lo han escogido como el mejor guitarrista del mundo. Nada mal para aquel chico que nació invidente en un humilde hogar en Puerto Rico que compartía con 11 hermanos. A los 3 años, la música se convirtió en su mejor forma de ver el mundo, por lo que aprendió a tocar guitarra por sí mismo y a los 9 ya la dominaba. En los años sesenta comenzó a mezclar

> "TODAVÍA NO ME HA TOCADO GANARME UN OSCAR POR LA BANDA SONORA DE UNA PELÍCULA. NO HE TENIDO ESA OPORTUNIDAD, PERO LA ESTOY BUSCANDO, PORQUE ME GUSTARÍA SER EL PRIMER PUERTORRIQUEÑO AL QUE LA ACADEMIA DE LAS ARTES Y CIENCIAS DE LA CINEMATOGRAFÍA PREMIA POR SU MÚSICA".

ritmos americanos con latinos y a tocar en clubes y centros nocturnos. En 1968, grabó el éxito "Light My Fire", el cual vendió más de un millón de discos. Y mientras el público angloparlante lo aclamaba, él no olvidaba sus raíces latinas y por tanto grabó varios éxitos en su propio idioma ("Reloj", "La copa rota", "Nuestro juramento", "Poquita fe" y "Usted"). Casado en dos ocasiones, la primera con Susan Omillan y la segunda con Grisel Velásquez, el cantautor ha dicho sentirse feliz por todo lo logrado. "En mi tiempo los ciegos no tenían muchas oportunidades", dijo éste en una reciente entrevista. "Vendían periódicos, eran limpiabotas o pedían limosna, y yo no quería hacer ninguno de esos trabajos. La actitud de mis padres fue lo que me ayudó a no sentirme como una persona con impedimentos… Por eso, nunca acepté que me llamaran 'el cieguito de Lares', porque yo soy José Feliciano".

MARÍA FÉLIX

APRIL 8TH 1914 – APRIL 8TH 2002 • 8 DE ABRIL, 1914 – 8 DE ABRIL, 2002

■The first woman honored by the French government with the Commandeur de l'Ordre des Arts et des Lettres was María de los Ángeles Félix Güereña who, ever since the dawning of her career, was described as having "the most beautiful face in the history of Mexican film." She appeared in no fewer than 47 movies. The first of them, *El peñón de las ánimas (The Crags of the Soul,* 1942) she starred opposite Jorge Negrete, but it was her performance in *Doña Bábara*

"MONEY IS IMPORTANT IN LIFE. WE ALL KNOW THAT IT DOESN'T BRING HAPPINESS, BUT IT DOES CALM THE NERVES."

that established her reputation as a strong woman and a femme fatale, a reputation that was only strengthened by her marriages to Enrique Álvarez (1931–1938), Agustín Lara (1943–1947), Jorge Negrete (1952–1953), and Alex Berger (1956–1974). It's also said that she was married to Raúl Prado (a member of Los Tres Calaveras), but this detail, like so many others, was just one more rumor in a life that was as enigmatic as its protagonist. While it's true that she had several marriages and romantic interests (in the eighties she lived with the painter Antoine Tzapoff), she only had one child: Enrique Álvarez Félix, who passed away in 1996 at the age of 62. After this, "María Bonita" (as she was called) withdrew herself from the public eye even more than she usually did, though she still was full of surprises. For example, in 1998 she recorded *Enamorada,* a record that came with a promise: her return to the silver screen. Although that never quite came to fruition, she did make a number of public appearances unexpected of an 84-year-old woman. Regarding the inexorable effects of time wearing on the body, she said, "I'm not afraid of wrinkles or gray hairs, only of losing interest in life." She was said to have been born on April 8th, 1914, but the legend has a tendency to surpass the person, and her date of birth—and thus her age—was covered by that cloud of mystery that is only attracted by the greatest of characters, and she never wanted it to blow away. Once, a rather brave reporter tried to pin it down for history's sake, but she offered an equally intrepid answer: "I don't count my years; I'm much too busy living them." And that's exactly what she did, all the way to her final breath, which she took on her birthday: April 8th, 2002.

■La primera mujer a la que el gobierno francés honró con un premio Commandeur de l'Ordre des Arts et des Lettres fue María de los Ángeles Félix Güereña, a quien, desde los albores de su carrera, se le catalogó como "el rostro más bello en la historia del cine mexicano". Protagonizó 47 películas, la primera de ellas *El peñón de las ánimas* (1942) al lado de Jorge Negrete. Pero fue su papel estelar en *Doña Bárbara,* el que inició su fama de mujer fuerte y, ante todo, *femme fatale,* fama que sólo fue creciendo con sus matrimonios con Enrique Álvarez (1931–1938), Agustín Lara (1943–1947), Jorge Negrete (1952–1953) y Alex Berger (1956–1974). También se dice que estuvo casada con Raúl Prado (integrante del trío Los Tres Calaveras), pero este dato, así como tantos otros, sólo fueron una incógnita más de una vida tan enigmática como su protagonista. Lo que sí es cierto, es que a pesar de haber tenido varios matrimonios y numerosos romances (en los años ochenta vivió con el pintor Antoine Tzapoff), solamente tuvo un hijo: Enrique Álvarez Félix, quien murió a los 62 años (1996). Tras esto, "María

"EL DINERO ES IMPORTANTE EN LA VIDA. TODOS SABEMOS QUE NO DA LA FELICIDAD, PERO BIEN QUE CALMA LOS NERVIOS".

Bonita" fortaleció aún más un retiro de la vida pública que ya llevaba varios años, aunque siempre se las ingeniaba para sorprender. Por eso, en 1998 grabó *Enamorada,* un disco que venía acompañado de una promesa: su regreso al cine. Aunque este jamás se concretó, sí impulsó contadas apariciones en público. Es que, a la edad que fuera, jamás dejó de asombrar. De allí que, cuando ya las inclemencias del tiempo dejaban sus inexorables huellas en su piel, dijera: "No le temo ni a las arrugas ni a las canas, sino al desinterés en vivir la vida". Dicen que nació el 8 de abril de 1914, pero a medida que su leyenda fue superando a su persona, hasta su fecha de nacimiento —y su edad— fue cubierta por esa aura de misterio que sólo cubre a los más grandes, y que ella jamás se interesó por desvanecer. Alguna vez un reportero audaz trató de aclarar los anales de la historia preguntándole su verdadera edad, y ella más intrépida que su entrevistador contestó: "Yo no cuento los años, estoy demasiado ocupada viviéndolos". Y celebró la vida hasta su último suspiro: precisamente el día de su cumpleaños, el 8 de abril del 2002.

LEOPOLDO FERNÁNDEZ
"TRES PATINES"

DECEMBER 26TH 1904 – NOVEMBER 11TH 1985 • 26 DE DICIEMBRE, 1904 – 11 DE NOVIEMBRE, 1985

■He came to be known as "El cómico de América" because his hilarious streak brought laughter to millions of homes via his show *La Tremenda Corte*. The show, which appeared first on the radio and then on TV, was so utterly successful that even now, after he's gone, "Tres Patines" continues to appear in both formats throughout Latin America and even the United States. He was born the day after Christmas in

"GREATEST THING IN LIFE, KID."

1904, learning at a young age that life was no easy thing, and that he'd have to work hard to achieve any success. As a child, he sold bread to supplement his parents' income, and eventually he moved up to work in the telegraph operator's office. He also worked reading newspapers, magazines, and books to employees at a tobacco rolling factory, and that experience with public performance may have led to the opening of his own theater company in 1926. Around that time, his theater show began to tour Cuba, and along the way he met the woman who would become his partner for 16 years, Mimí Cal, also known as Nananina. It was also around that same time that he started playing one of his most famous characters, "Pototo." Nevertheless, the character that would immortalize him would be "Tres Patines," the absent-minded scoundrel who often ended up finding himself facing legal troubles in the "Pequeña Corte." This popular program was first aired in Cuba in 1941, and in the late fifties, when Castro's regime no longer appreciated his sense of humor, "Tres Patines" exiled himself to the United States, where he continued to perform for some time. It was there that he married María Curie, who was his partner until his death in 1985.

■Se le llegó a conocer como "El cómico de América" porque con su chispa humorística hizo reír a millones de hogares a los que llegó a través de *La Tremenda Corte*. El programa,

"COSA MÁS GRANDE DE LA VIDA, CHICO".

al principio radial y luego televisivo, ha tenido tanto, pero tanto éxito, que aun ahora después de desaparecido Tres Patines sigue transmitiéndose en ambos formatos en varios países latinoamericanos e, incluso, Estados Unidos. Nacido en el interior de Cuba el 26 de diciembre de 1904, descubrió a temprana edad que la vida no era fácil y que había que trabajar muy duro para ganársela. Desde joven trabajó repartiendo pan para apoyar a sus padres, después su sed de superación lo llevó a aprender el oficio de telegrafista. También trabajó como lector de diarios, revistas y libros a los empleados de una tabaquería; quizás ese sentimiento que le ponía a la lectura pública lo condujo a abrir su propia compañía de teatro en 1926. Por esta época comenzó a recorrer Cuba con su espectáculo teatral y conoce a quien llegaría a ser su pareja por 16 años, Mimí Cal (Nananina de la Pequeña Corte). También comenzó a popularizar a uno de sus personajes más famosos, Pototo. Sin embargo, la representación que lo inmortalizaría sería la de Tres Patines, el individuo a veces despistado y a veces sinvergüenza que constantemente termina en problemas legales que lo llevan a la "Pequeña Corte". Este popular programa comenzó a transmitirse en Cuba en 1941, y a finales de los años cincuenta el régimen de Fidel Castro no soportó las bromas y caracterizaciones de su comedia. Tres Patines salió exiliado a los Estados Unidos en donde continuó presentando su espectáculo por un tiempo. Para ese entonces se había casado con María Curie, quien fue su compañera hasta que murió en 1985.

VICENTE FERNÁNDEZ

FEBRUARY 17TH 1940 • 17 DE FEBRERO, 1940

■ The winner of dozens of honors and awards, including a star on the Hollywood Walk of Fame and a number of Grammys, Vicente Fernández Gómez has been hard at work for over 40 years. "Chente," as he was known, was bon in Jalisco, Mexico, to a humble family, and he worked as a waiter, shoeshine boy, and bricklayer to help support them. Which is why, in part, he is able to so confidently say that "Nobody can tell me how to do something, because

> "IF YOU'RE WALKING UP A SET OF STAIRS AND SUDDENLY STUMBLE, GRAB HOLD OF SOMETHING AND PICK YOURSELF BACK UP, BUT NEVER TAKE A STEP BACK. KEEP MOVING UP, CLIMBING AND CLIMBING AND CLIMBING, AND EVENTUALLY YOU'LL REACH YOUR GOAL, BECAUSE GOD GIVES NOTHING AWAY AND HE KNOWS THAT SOMETIMES YOU HAVE TO SUFFER TO ACHIEVE YOUR DREAMS."

I've already done it all." Success did not come easy to him, and he had to knock on a lot of doors before he was offered a chance. But his persistence paid off, and once that door was opened, he took full advantage of it, and won over the public with his charisma, his sense of masculinity, and the intensity with which he sang songs like "El rey" and "Volver, volver." In 1984, he drew a crowd of over 50,000 people to La Plaza de Toros in Mexico City to see him perform the historic concert "Un mexicano en la México." In 2007, he marked the 40th anniversary of his career, which includes 79 albums, tens of millions of records sold, and more than 30 film appearances alongside stars such as Sara García, Angélica María, Lucía Méndez, and Ofelia Medina, to name a few. In 1963, the simple and honest man married María del Refugio Abarca. Their relationship has proved to be one of the most solid in all of the entertainment business. He resides on a spectacular ranch (which he named Los 3 potrillos) outside Guadalajara where he raises horses and cattle, and the property has its own restaurant, store, church, and performance center. And with his great success has also come great trials, including his battle with prostate cancer, the death of his parents, and the kidnapping of his son Vicente. But nevertheless, he never lets the tears take over his smile, and stands out as a simply happy man.

■ Poseedor de decenas de reconocimientos y premios, entre ellos su estrella en el Paseo de la Fama de Hollywood y varios Grammy, Vicente Fernández Gómez lleva cuatro décadas de vigencia. "Chente", como le dicen cariñosamente, nació en Jalisco, en el seno de una familia humilde, y de adolescente tuvo que trabajar de mesero, limpiabotas y albañil… Con tanta razón ha dicho: "Nadie me puede decir cómo se hace algo, porque yo ya pasé por todo". El triunfo no le fue fácil y debió tocar muchas puertas para que se le brindara una oportunidad en el medio. Su constancia pagó y una vez abierta la primera puerta, conquistó al público con su carisma, su apariencia varonil y ese sentimiento bravío con los que acuñó clásicos como "El rey" y "Volver, volver". En 1984 congregó en La Plaza de Toros México del Distrito Federal a más de 50,000 seguidores en su histórico concierto "Un mexicano en la México". En el 2007 cumplió 40 años de carrera discográfica, que incluye 79 álbumes, decenas de millones de discos vendidos y más de 30 películas con Sara García, Angélica María, Lucía Méndez y Ofelia Medina,

> "SI VAN SUBIENDO UNA ESCALERA Y SE LES QUIEBRA UN ESCALÓN, AGÁRRENSE DE OTRO Y BRÍNQUENLO, PERO NUNCA DEN UN PASO PARA ABAJO. SIEMPRE TRATEN DE SUBIR, ESCALAR, ESCALAR, ESCALAR Y LOGRAR SU OBJETIVO PORQUE DIOS NO DA NADA REGALADO, SE TIENE QUE SUFRIR PARA REALIZAR NUESTROS SUEÑOS".

por citar sólo a algunas de las primeras actrices con las que ha actuado. Hombre franco y de costumbres sencillas, está casado desde 1963 con María del Refugio Abarca. Su unión es una de las más sólidas del mundo del espectáculo. Su residencia es un espectacular rancho llamado Los 3 potrillos, en Guadalajara, en donde cría caballos y ganado, a la vez que construyó en su entrada un restaurante, un almacén y un centro de espectáculos. Con sus grandes glorias, también ha pasado por grandes pruebas como un cáncer de próstata que venció hace varios años, la muerte de sus padres y el secuestro de su hijo Vicente. Sin embargo, jamás ha dejado que la suma de sus lágrimas opaque la de sus sonrisas, pues su otra gran victoria ha sido destacarse como un hombre sencillamente feliz.

JOSÉ FERRER

■José Vicente Ferrer de Otero y Cintrón was gifted with a voice so rich and distinctive that it virtually became his calling card as an actor. His most famous role was as Cyrano de Bergerac, and he played him so well that his became the benchmark performance of the character. Born in

> "AN AUTHOR CAN WRITE SOMETHING THAT LASTS FOR 300 YEARS AFTER THEIR DEATH, BUT FIVE MINUTES AFTER I'M GONE, I WON'T BE ABLE TO ACT OR DIRECT EVER AGAIN."

Puerto Rico, he graduated from Princeton with a degree in architecture, and a year later he began graduate studies in romance languages at Columbia. He always felt an attraction to the bright lights of Broadway, and thus began his acting career. But he had little faith that he would ever make it in Hollywood: "I thought I had no future in films," he would later admit. "Based on my features, I thought I'd only ever be cast as the chatty cab driver, the drunk son-in-law, or the friendly neighbor…always playing the protagonist's friend." Fortunately, he overcame his own early doubts and, in 1948, his big screen debut in *Joan of Arc* garnered him an Oscar nomination. That early success carried him through the fifties, when he continued to produce memorable performances on screen and on stage. In 1952, he won a Tony award, and a few years after that, he even recorded an album with his third wife, Rosemary Clooney, who happens to have been George Clooney's aunt. Before that, he had been married to the actresses Uta Hagen and Phyllis Hill, and when he was in his sixties, he married for the fourth time, then to Stella Magee. In 1985, President Reagan awarded him the National Medal of Arts, making him the first actor ever to be so honored. In all, his highly successful career included performances in some 70 films, direction of 13 Broadway shows and seven movies. One of his wishes was that all this might inspire new generations of Hispanic actors, and for that reason, instead of keeping his Oscar for himself, he donated it to the University of Puerto Rico.

■José Vicente Ferrer de Otero y Cintrón fue el poseedor de un timbre de voz tan rico y distintivo que este llegó a ser prácticamente su sello a la hora de actuar. Su papel más famoso fue el de Cyrano de Bergerac, al punto que se ha dicho que ningún otro actor ha podido encarnarlo con tanta pasión como él. Nacido en Puerto Rico, se graduó de arquitecto en la prestigiosa Universidad de Princeton en 1934 y estudió un postgrado en lenguas romances en la Universidad de Columbia un año después. Para ese entonces ya se sentía atraído por el mundo del teatro y comenzó a actuar en Broadway. No obstante, tenía poca

> UN AUTOR PUEDE ESCRIBIR ALGO QUE PERDURE 300 AÑOS DESPUÉS DE SU MUERTE, PERO CINCO MINUTOS DESPUÉS DE MI MUERTE, YA NO PUEDO ACTUAR NI DIRIGIR MÁS".

fe en que pudiera abrirse paso en Hollywood: "Pensé que no tenía futuro en películas", revelaría después. "Con mis facciones, calculaba que me seleccionarían para desempeñar papeles de chofer de taxi chistoso, el nuero borracho o el vecino amistoso, esos papeles a los que se refieren como 'el amigo del héroe'". Afortunadamente venció sus propias objeciones y en 1948 debutó en la pantalla grande; en su mismísimo debut en la película *Juana de Arco* recibió su primera nominación al Oscar. Así comenzó una maratónica sucesión de logros y a principios de los años cincuenta lo mismo protagonizaba las mejores películas que actuaba o dirigía alguna producción en Broadway. En 1952 ganó cuatro premios Tony y a mediados de esta década incluso grabó unos discos con su tercera esposa, Rosemary Clooney (tía del actor George Clooney). Antes ya había estado casado con las actrices Uta Hagen y Phyllis Hill, y siendo un sexagenario se casó por cuarta ocasión con Stella Magee. En 1985 el presidente estadounidense Ronald Reagan le entregó la Medalla Nacional de las Artes, convirtiéndose en el primer actor en recibir ese honor. Su exitosa carrera incluyó magistrales actuaciones en unas 70 películas, su dirección de 13 producciones de Broadway y siete filmes. Deseaba que todo esto sirviera para inspirar a las nuevas generaciones de actores hispanos. Por eso no quiso quedarse con su premio Oscar y prefirió donarlo a la Universidad de Puerto Rico.

LUPITA FERRER

DECEMBER 6TH 1947 · 6 DE DICIEMBRE, 1947

■ Yolanda Guadalupe Ferrer was born on December 6th, 1947, in Maracaibo, Venezuela, from Spanish roots. Her first role was in *Hamlet*, where she played Ophelia, possibly leading to her affinity for dramatic and tragic characters. She was barely 19 when she got her first film appearance: a supporting role in *Me ha gustado un hombre*, starring Julio Alemán. Mexican cinema was enjoying its "golden age," and Ferrer would go on to star in some of the greatest films of the time, including *Un Quijote sin mancha* alongside Mario

"MY OXYGEN IS MY JOB AS AN ACTRESS."

Moreno "Cantinflas." Meanwhile, she was making inroads in the world of telenovelas; her first was on *Donde no llega el sol*, which was produced by Radio Caracas Televisión. In 1970 came *Esmeralda*, with José Bardina, who had become the preferred couple of the viewing public, forcing producers to cast them again and again. Her huge on-screen demand eventually cost her her marriage to Alfredo Carrillo, whom she had wed only two years earlier in 1972. Her second marriage was to the American Hal Barlett, with whom she also split. After that came a number of relationships which were largely insignificant, owing in part to her increased efforts to keep her private life out of the public's eye. Ever active, in recent years she has filmed the telenovela *Pecados ajenos*, and has been working on an autobiography titled *Mi vida no es una telenovela (My Life Isn't a Soap Opera)*. And if you don't believe her, just take a look at and the many honors and awards which she's received over the course of her career. Indeed, her life is not a soap opera, but sometimes it seems plucked from the pages of a fairy tale.

■ De ascendencia española, Yolanda Guadalupe Ferrer nació el 6 de diciembre de 1947 en Maracaibo, Venezuela. Su incursión en las artes escénicas la hizo con *Hamlet*, un clásico de William Shakespeare, en donde interpretó a

"MI OXÍGENO ES HACER EL TRABAJO DE ACTRIZ".

Ofelia; de ahí su gusto por caracterizar personajes trágicos y dramáticos. Tenía apenas 19 años cuando llegó su primera oportunidad en el cine: un papel secundario en *Me ha gustado un hombre*, protagonizada por Julio Alemán. El cine mexicano vivía su llamada "época de oro" y ella fue parte de algunas de sus grandes películas, como *Un Quijote sin mancha*, junto a Cantinflas. Paralelamente incursionó en el mundo de las telenovelas. En 1970 protagonizó *Donde no llega el sol*, producida por Radio Caracas Televisión y *Esmeralda*, junto a José Bardina, con quien se convirtió en la pareja predilecta de los televidentes, lo que obligó a los productores a repetir la dupla en repetidas ocasiones. Su fuerte demanda en la pantalla le costó el matrimonio con Alfredo Carrillo, sólo dos años después de haberse casado con él en 1972. Su segundo matrimonio fue con el norteamericano Hall Barlett de quien también terminó separándose. Después vinieron otras relaciones de las que no se ha hecho mucho eco, sobre todo porque siempre se las ha ingeniado por mantener su vida privada separada del ojo público. Siempre vigente, en fechas recientes estuvo grabando la telenovela *Pecados ajenos* y está preparando su biografía titulada: *Mi vida no es una telenovela*. Y hay que creerle, sobre todo después de darles un vistazo a los innumerables honores y trofeos que ha recibido en su impresionante carrera. Efectivamente su vida no es una telenovela, pero sí parece sacada de un hermoso cuento de hadas.

LOLA FLORES

JANUARY 21ST 1923 – MAY 16TH 1995 • 21 DE ENERO, 1923 – 16 DE MAYO, 1995

■ "Spanish Lola" was a singer, actress, and dancer who shocked the world with the overwhelming passion that permeated each of her artistic performances. From a young age, she began to shine in the local Andalusian scene. At 16, she made her film debut in the movie *Martingala*. But

"TRUTH ALWAYS FLOATS TO THE TOP, LIKE A DROP OF OIL IN A GLASS OF WATER."

her artistic development was not complete until she met Manolo Caracol, with whom she would eventually have a relationship. Together they toured Spain—with Manolo singing and Lola dancing the flamenco—earning standing ovations everywhere they went. The public adored them so much that they've been called the most seductive couple to ever appear on Spain's music scene. After their separation in 1951, Flores went on to star in some twenty films, winning hearts not only in Spain but also in all of Latin America. In 1957, she married again, this time to the Spanish singer Antonio "El Pescaílla" Gonzáles. She continued to make films in the sixties and seventies, appearing in *Una señora estupenda*, *El asesino no está solo*, and *Los invitados*. Unfortunately, in 1991, at the age of 68, scandal struck home, and she was sentenced to a year in prison for tax violations. Nevertheless, the Spanish government presented her with the national medal of honor for her body of artistic work. Sadly, a year later, she was diagnosed with terminal cancer, and died in 1995. But neither death nor time could erase her from the people's memory, and a monument in her honor was unveiled in a emotional 2003 ceremony in her home town of Jerez in Andalucía.

■ Lola de España fue una cantante, actriz y bailarina española que conmocionó al mundo con el sello con el que impregnó cada una de sus interpretaciones artísticas: una pasión avasalladora. Muy joven comenzó a amenizar las fiestas familiares y los espectáculos de su localidad en Andalucía, España. A los 16 años debutó en el cine en la película *Martingala*. Pero su consolidación artística no surgió hasta que se unió profesionalmente a Manolo Caracol, con quien terminaría teniendo una relación. Juntos recorrieron España, mientras él cantaba, ella bailaba flamenco y juntos arrasaban en el escenario. El público los adoró de tal manera que hasta se ha dicho que fue la pareja más seductora

"LA VERDAD SIEMPRE SALE A FLOTE, COMO LA GOTA DE ACEITE EN EL VASO DE AGUA".

que haya tenido el mundo del espectáculo en la Madre Patria. Tras su separación en 1951, Flores protagonizó una veintena de películas, con las que se ganó el corazón no sólo de su país, sino de América Latina entera. En 1957 se casó con el cantante español Antonio "El Pescaílla" Gonzales. En los años sesenta y setenta hizo películas como *Una señora estupenda*, *El asesino no está solo* y *Los invitados*. Desafortunadamente, en 1991, cuando tenía 68 años, el escándalo tocó a su puerta y la llevó de la mano a la prisión, en donde tuvo que pasar más de un año por evasión de impuestos. Sin embargo, ni eso logró opacar su leyenda y en 1994 el gobierno español le concedió la medalla de honor por su trayectoria artística. Por desgracia, un inclemente cáncer le arrancó la vida en mayo de 1995. Pasa el tiempo y el pueblo no la olvida, por eso en el 2003 se develó un monumento en su honor durante una emotiva ceremonia realizada en Jerez de Andalucía, España, el pueblo en que nació.

ANDRÉS GARCÍA

■This seventies sex symbol and star of over a hundred films and dozens of telenovelas and other shows was famous as a real-life Don Juan. Andrés García was born on May 24th in

"BEING A PUBLIC FIGURE LEAVES ME WITH NO WAY TO HIDE MY OWN BEHAVIOR."

the Dominican Republic, although—because of his father's work—he grew up in first Chile and later in Mexico where, at 17 years of age, he left the shelter of his family for a life of "all night partying." He worked as a diving instructor and an English teacher before his film debut in *Chanoc*, which would lead to other cinematic achievements like *Pedro Navaja*. After that came success in telenovelas like *Tú o nadie* and *El magnate*, which made him a sex symbol to millions of women, although—according to an interview he gave—only 1,600 of them ever spent a night with him. Officially, he was married three times, lived with roughly a dozen other women, and had 16 children in all. "I've always been something of a womanizer," he said on his 66th birthday. "I was just born that way. And it's always caused problems for me, like my tense relationship with my wives and children." His playboy status is exactly why his 1995 diagnosis with prostate cancer was both a low blow and an irony. Nevertheless, his iron will not only allowed him to face the problem with all the boastful valor for which he was famous, it also offered him a unique business opportunity: he became the official spokesman for the male enhancement implant which he called *la bombita*. In his recently published autobiography, *El consentido de Dios*, he revealed a surprising number of times he claims to have escaped death. In addition to several attacks on his own person, he describes himself as the only man to attempt to ride on the back of a ten-foot shark in open water. Besides being a living legend, Andrés García is certainly quite a character.

■Símbolo sexual de los años sesenta, cuenta en su haber más de un centenar de películas, decenas de telenovelas y varios programas de televisión. Su fama en el cine y la pantalla chica, sólo ha encontrado un rival: su popularidad como donjuán de la vida real. Andrés García nació el 24 de mayo de 1941 en República Dominicana, aunque por el trabajo de su padre creció en Chile y luego en México, donde a los 17 años tuvo que dejar el seno familiar por "parrandero y trasnochador". Trabajó como maestro de buceo y de inglés antes de debutar en el cine en la cinta *Chanoc*, a la que le siguieron otros éxitos cinematográficos como *Pedro Navaja*. Enseguida vinieron exitosas telenovelas como *Tú o nadie* y *El magnate*, que lo convirtieron en el amor platónico de millones de mujeres, aunque sólo unas 1,600 de ellas compartieron con él alguna noche de amor, cifra que él mismo llegó a revelar en alguna entrevista. Oficialmente se casó tres veces, tuvo 16 hijos y ha vivido con una decena de

"SIENDO UNA FIGURA PÚBLICA NO HAY MANERA DE OCULTAR MI FORMA DE COMPORTARME".

parejas. "Siempre he sido y sigo siendo muy mujeriego", dijo cuando acababa de cumplir 66 años. "Ya es de nacimiento esta forma de ser. Me trae siempre problemas familiares como mi agitada relación con mis hijos y con mis mujeres". Precisamente por su fama de playboy, cuando a principios de los años noventa se le diagnosticó cáncer en la próstata, la noticia más que un golpe bajo, parecía toda una ironía. Sin embargo, su carácter de hierro no sólo hizo que enfrentara el problema con toda la valentía que le caracteriza, sino que de paso le dejó un jugoso negocio: se convirtió en el distribuidor autorizado y en la imagen publicitaria de implantes varoniles, o lo que él llegó a popularizar como "la bombita". En su recién publicada autobiografía *El consentido de Dios* no ha dejado de sorprender al revelar las veces que se le ha escapado a la muerte. Según cuenta, ha sobrevivido a varios atentados contra su vida y dice ser como el primer y único hombre que arriesgó su vida atreviéndose a montar tiburones de tres metros en el océano abierto. Además de una leyenda viviente, Andrés García es todo un personaje.

SARA GARCÍA

SEPTEMBER 8TH 1895 – NOVEMBER 21ST 1980 • 8 DE SEPTIEMBRE, 1895 – 21 DE NOVIEMBRE, 1980

■This legendary star is the undisputed mother of Latin American film. Herself the daughter of Spaniards, Sara García Hidalgo made her big screen debut as an extra in 1917, and worked almost until the day she died. All together, she appeared in over 150 films, theatrical roles, and television shows, and starred alongside practically every member of Mexico's cinematic family, from Pedro Infante

> "THEY STARTED CALLING ME 'THE MOTHER OF NATIONAL FILM' BECAUSE I PLAYED SO MANY MOTHERS ON SCREEN…
> BUT I WAS SO YOUNG! AFTER THAT, I WENT STRAIGHT TO BEING A GRANDMOTHER."

and Mario Moreno "Cantinflas" to Vicente Fernández and Juan Gabriel; from Silvia Pinal and Marga López to Lucía Méndez and Verónica Castro. Of strong character, she shone in both dramas and comedies with Joaquín Pardavé in a dozen or so films like *El baisano Jalil*, but her biggest success was with Pedro Infante in classics like 1946's *Los tres García*, where she portrayed an irritable yet loving and selfless grandmother who carried a pistol and a cane. A recent survey by a Mexican newspaper found that Doña Sara and Pedro Infante are the country's all time favorite actors, just ahead of "Cantinflas," Jorge Negrete, Pedro Armendáriz, María Félix, and Dolores del Río. Her postcard-esque grandmotherly appearance was so well known that it was used as the logo for a brand of chocolate. She married Fernando Ibáñez, and they endured one of life's harshest tragedies when their only daughter died of typhoid fever at only 20 years of age. Ever since then, she admitted, her live hasn't been the same. A benchmark of 20th century Mexican entertainment, she continued on in films like *Mecánica nacional*, where she played an old, poorly spoken woman, and in the telenovela *Viviana y Mundo de juguete*, where she played the role of Tomasita. About her career, she said that "since 1936, right around the time when *Malditas sean las mujeres* was released, they started calling me 'The Mother of National Film' because I played so many mothers on screen…but I was so young! After that, I went straight to being a grandmother." And that's exactly what most grandmothers want: to be loved and remembered.

■Indisputablemente esta legendaria estrella es el símbolo de la abuelita del cine latinoamericano. Hija de españoles, Sara García Hidalgo debutó como extra en la pantalla grande en 1917 y trabajó casi hasta su muerte. En sus más de 150 películas, obras de teatro y telenovelas alternó prácticamente con todo el elenco artístico mexicano, desde Pedro Infante y Mario Moreno "Cantinflas" hasta Vicente Fernández y Juan Gabriel, desde Silvia Pinal y Marga López hasta Lucía Méndez y Verónica Castro. De carácter fuerte, brilló en dramas y comedias con Joaquín Pardavé en una decena de cintas como *El baisano Jalil*, pero el mayor éxito lo tuvo con Pedro Infante en clásicos como *Los tres García* (1946), donde representó a la abuela regañona, pero amorosa y abnegada, y armada con pistola, puro y bastón. Una reciente encuesta de un diario de su país reveló que Pedro Infante y Doña Sara son los actores favoritos de todos los tiempos para los mexicanos, superando a "Cantinflas",

> "ME EMPEZARON A LLAMAR LA 'MADRE DEL CINE NACIONAL' PORQUE REPRESENTABA TODOS LOS PAPELES DE MADRE…¡Y ERA TAN JOVEN! DESPUÉS EMPECÉ A SALIR DE ABUELA".

Jorge Negrete, Pedro Armendáriz, María Félix y Dolores del Río. Su imagen de abuela de tarjeta postal, era el ideal de la época, quedó tan grabada, que por años fue la cara de una marca de chocolate. Se casó con Fernando Ibáñez y vivió la peor de las tragedias cuando su única hija murió de tifoidea a los 20 años. Desde entonces, diría alguna vez, su vida nunca volvió a ser la misma. Referente obligado del entretenimiento mexicano del siglo XX, perpetuó su leyenda en otras cintas como *Mecánica nacional*, donde personificó a una anciana malhablada, y en telenovelas como *Viviana y Mundo de juguete*, en la cual se volvió la consentida de los niños como Tomasita. Sobre su trayectoria recordaría: "A partir de 1936, casi desde el estreno de la cinta *Malditas sean las mujeres*, me empezaron a llamar la "Madre del cine nacional" porque representaba todos los papeles de madre ¡y era tan joven! Después empecé a salir de abuela". Y precisamente como la más querida de todas las abuelas, el mundo la adoró y aún la recuerda.

CARLOS GARDEL

DECEMBER 11TH 1890 – JUNE 24TH 1935 • 11 DE DICIEMBRE, 1890 – 24 DE JUNIO, 1935

■His name is synonymous with tango because to speak about this great singer and composer is to make reference to this musical genre that—a century after its creation—continues to inspire great passion in people. He was born on December 11th, 1890, but the exact place of his birth has

"I AM NOT THE ONE WHO TRIUMPHS, IT IS OUR TANGO THAT PREVAILS."

been debated between Toulouse, France (which appears on his birth certificate), and Tacuarembó, Uruguay (which appears on his passport found at the time of his death). What we know for a fact, though, is that he was baptized with the name Charles Romuald Gardes. When he was only 2 years old, his mother immigrated to Argentina, and settled in the Buenos Aires neighborhood of Abasto, where they lived a rather deprived life. To help out his mother, Carlos began working at a young age at various jobs, from a stock boy to a typesetter to a watchmaker's apprentice. But music was his one great passion, and by the age of 17 he was performing at bars and parties around his neighborhood, which is where he got one of his nicknames, "The Dark-Haired Kid from Abasto." He and José Razzano got together and toured the country, ushering in one of the great chapters in the history of tango. In 1917, Gardel appeared at the Teatro Empire in Buenos Aires, where he performed the song "Mi noche triste" by Samuel Castriota. It was the first time in documented history that a tango was performed with lyrics. Beginning in 1925, Gardel began working with the poet Alfredo Le Pera, who wrote magnificent poetry that Gardel set to luxurious musical accompaniment. Their teamwork resulted in such classics as "Mi Buenos Aires querido," "Volver," and "El día que me quieras." His appearances in various films, while somewhat limited, only added to his legendary status. They included *Flor de durazno*, filmed in Buenos Aires, *Espérame* and *La casa es seria*, filmed in París, and *El día que me quieras* and *Melodía de Arrabal*, filmed in New York. In the thirties, Paramount Pictures showed an interest in him and offered him a small role in one of their films, but unfortunately, Gardel was never able to shine as a star in Hollywood. He died on June 24th, 1935, in a plane crash at the Medellín airport in Colombia.

■Su nombre es sinónimo de tango porque hablar de este gran cantante y compositor es hacer referencia a la figura más prominente de este género musical, que, a más de un siglo de su creación, sigue provocando grandes pasiones entre la gente. Nació el 11 de diciembre de 1890 y el lugar exacto de su nacimiento se ha debatido entre Toulouse, Francia (que dicen era el sitio que mostraba su partida de nacimiento), y Tacuarembó, Uruguay (de acuerdo al pasaporte hallado al momento de su muerte). Lo que sí es cierto es que fue bautizado con el nombre de Charles Romuald Gardés. Cuando tenía 2 años, su madre emigró a Argentina y se establecieron en el barrio porteño de Abasto en donde llevaron una vida con bastantes carencias. Para ayudar a su madre comenzó a trabajar desde muy joven lo mismo de cartonero que de relojero o aprendiz de linotipista.

"NO SOY YO EL QUE TRIUNFA; ES NUESTRO TANGO EL QUE SE IMPONE".

Pero la música era su gran pasión, por lo que, a los 17 años, comenzó a presentarse en bares y fiestas en la zona donde creció; de ahí uno de sus sobrenombres: "El morocho del abasto". Recorrió su país con José Razzano, con quien formó un dúo y juntos escribieron uno de los mejores capítulos de la historia del tango. En 1917, Gardel se presentó en el Teatro Empire de Buenos Aires, donde cantó "Mi noche triste", de Samuel Castriota. Era la primera vez, al menos que se haya documentado, que se tocaba un tango con letra. A partir de 1925 Gardel comenzó a trabajar con el poeta Alfredo Le Pera, quien le entregaba maravillosos poemas que él vestía con lujosas composiciones musicales. Así surgieron grandes clásicos del tango, como "Mi Buenos Aires querido", "Volver" y "El día que me quieras". Su filmografía, aunque no fue muy extensa, contribuyó grandemente a convertir a Gardel en toda una leyenda. Entre otras cintas grabó: *Flor de durazno*, en Buenos Aires; *Espérame y La casa es seria*, en París; *El día que me quieras y Melodía de Arrabal*, en Nueva York. A mediados de los años treinta la Paramount Pictures mostró interés en él y le ofreció un pequeño papel en una de sus películas. Pero lamentablemente Gardel nunca llegó a brillar en Hollywood pues el 24 de junio de 1935 falleció en un accidente aéreo en el aeropuerto de Medellín, Colombia.

LUCHO GATICA

AUGUST 11TH 1931 • 11 DE AGOSTO, 1931

■ Through some 800 songs and 120 records, he gained the titles of "Maestro del bolero" and "La voz del amor." With his extremely personable style, he revolutionized the bolero, imbuing it with a smooth sense of lyricism. Luis Enrique Gatica Silva was born on August 11th, 1931, in Chile. He was only three years old when his father died, and his mother somehow managed to raise him and his six siblings. Along with his older brother Humberto, he started his foray into music at age 10, singing on air for his local radio station. Nevertheless, he continued his studies, and it wasn't until 1949 when Lucho and another one of his brothers, Arturo, recorded an album of traditional music. Two years later, he recorded "Me importas tú," a song which marked the beginning of his career in bolero music. He quickly became one of the most quoted singers of the time. In 1953, he went on his first tour, and two years after that he arrived in Mexico where his career took off like a rocket with hits such as "No me platiques más" (which was his first record to hit

> "THE MOST IMPORTANT THING IS THAT THE BOLERO WILL NEVER DIE . . . THE BOLERO WILL CONTINUE TO LIVE ON AS LONG AS THERE ARE ROMANTIC PEOPLE IN THE WORLD."

one million in sales), "Historia de un amor," "El reloj," and "La barca." While all this was going on, he started making inroads into the film industry, and appeared alongside such legendary figures as Agustín Lara, Libertad Lamarque, Silvia Pinal, Pedro Vargas, and Germán Valdés "Tin Tan," among others. In the sixties, his music began appearing in Europe, the Middle East, China, and the Philippines. Love also found its way into his life, and on May 21st 1960, he wed the Puerto Rican actress María del Pilar Mercado in Mexico. His second marriage, which lasted for 6 years, was with a model he met in the eighties. In 2007, he received a star on the Hollywood Walk of Fame and a Grammy award honoring his long and successful artistic life.

■ A través de sus más de 800 canciones y 120 discos llegó a ganarse los títulos de "Maestro del bolero" y "La voz del amor". Es que con su personalísimo estilo revolucionó la forma de interpretar el bolero, impregnándolo de un fraseo suave. Luis Enrique Gatica Silva nació el 11 de agosto de 1931 en Chile. Tenía 3 años cuando su padre falleció y su madre

> "LO IMPORTANTE DE TODO ES QUE EL BOLERO NUNCA MORIRÁ . . . EL BOLERO SALE A FLOTE PORQUE SIEMPRE HAY GENTE ROMÁNTICA".

tuvo que sacarlo adelante a él y sus seis hermanos. Apoyado por su hermano mayor, Humberto, se inició en la música cuando tenía 10 años y fue a cantar a la principal emisora radial de su pueblo. Sin embargo, siguió sus estudios y no fue hasta 1949 que, junto a otro de sus hermanos, Arturo, se aventuró a grabar un disco de canciones criollas. Dos años después, grabó "Me importas tú", tema que marcó el inició de su extenso repertorio de boleros. Rápidamente se convirtió en uno de los cantantes más cotizados de la época. En 1953 realizó su primera gira y dos años más tarde llegó a México, en donde logró una carrera meteórica gracias a temas como "No me platiques más", "Historia de un amor", "El reloj" y "La barca". Sólo de esa primera grabación superó el millón de copias vendidas. Al mismo tiempo empezó a colarse en la industria del cine y grabó varias cintas junto a las más grandes figuras de esos años como Agustín Lara, Libertad Lamarque, Silvia Pinal, Pedro Vargas, Germán Valdés "Tin Tan", entre otros. Para los años sesenta, sus discos eran editados en Europa, Medio Oriente, China y Filipinas. El amor también llegó a su vida y, el 21 de mayo de 1960, se casó en México con la actriz puertorriqueña María del Pilar Mercado. El matrimonio duró 18 años. Su segundo matrimonio, que duró 6 años, fue con una modelo a quien conoció en los años ochenta. En el 2007 recibió su estrella en el Paseo de la Fama de Hollywood, así como el Grammy a la Excelencia por su exitosa trayectoria artística.

SUSANA GIMÉNEZ

JANUARY 29TH 1945 • 29 DE ENERO, 1945

A true diva in her native Argentina, María Susana Giménez Aubert is a model, actress, cabaret star, and television personality who, in 2007, celebrated the 20th anniversary of her eponymous variety show that was once called *Hola, Susana*. She was born on January 29th, 1945, in Buenos Aires, and at 17, she wed Mario Sarrabayrouse, already pregnant with her first child, Mercedes. Their flawed marriage lasted five years, during which time the popular artist dreamed of one day becoming a model.

> "NO, I DON'T THINK I'M A HYPOCRITE. I COULDN'T BE. I'D SENSE THAT IMMEDIATELY. I LIE TO SOMEONE AND YOU CAN READ IT ON MY FACE. AND I'M GLAD THAT'S HOW I AM, BECAUSE I'VE HAD A FABULOUS AND HEALTHY LIFE, AND THERE'S NOTHING I HAVEN'T DONE."

In 1968, she began a relationship with the influential businessman Héctor Cavallero, and a year later she got a break as the face of Cadum soap, a commercial that would be her ticket to success. Throughout the seventies, Susana appeared on dozens of magazine covers, appearances on stage, in the cabarets, and on both the big and small screens alongside such figures as Jorge Porcal and Alberto Olmedo. And all this while the pop tabloids covered her rumored relationships with athletes, actors, and businessmen. Among the more scandalous ones was her torrid four-year romance with the boxer Carlos Monzón, with whom she made the film *La mary*. Later, in 1978, came her romance with the actor Ricardo Darín, who was 12 years her junior. Following that relationship was a ten-year marriage to the polo player Huberto Roviralta, and it has been rumored that their eventual divorce ended up costing her 10 million dollars. In a recent interview, she was asked about the possibility of finding the love of one's life. Her answer: "I don't know. Nobody does. What is the love of your life, really? It's such a rare thing, the question of love and other feelings. I've been in so many relationships, and I still have no idea."

Considerada como toda una diva en su natal Argentina, María Susana Giménez Aubert es una modelo, vedette, actriz y animadora de televisión, que en el 2007 cumplió 20 años frente a su popular programa de variedades que

> "NO, NO ME SALE SER HIPÓCRITA. NO PUEDO. SE ME NOTARÍA ENSEGUIDA. YO LE MIENTO A ALGUIEN Y SE ME NOTA EN LA CARA. Y ME ALEGRO DE SER ASÍ PORQUE HE TENIDO UNA VIDA FABULOSA Y SANA. Y NO HE DEJADO NADA POR HACER".

en un inicio se llamó *Hola, Susana* y que actualmente lleva su nombre. Nació el 29 de enero de 1945 en Buenos Aires. A los 17 años se casó con Mario Sarrabayrouse estando embarazada de quien sería su única hija, Mercedes. La relación conyugal duró cinco años y en medio de una fracturada relación amorosa la popular artista soñaba con desfilar algún día como modelo. En 1968 inició una relación sentimental con un influyente empresario del espectáculo, Héctor Cavallero, y un año después saltó a la fama con su participación en el comercial del jabón Cadum que se convertiría en su pasaporte al éxito. Para la década de los setenta, Susana apareció en innumerables portadas de revistas, obras de teatro como actriz y vedette, además de participar en películas cómicas del cine argentino y programas de televisión, al lado de figuras como Jorge Porcel y Alberto Olmedo. Y todo mientras las revistas del corazón cubrían sus sonados romances con diferentes deportistas, actores y empresarios. De las relaciones con las que causó más escándalo resaltan su noviazgo de cuatro años con el boxeador Carlos Monzón en 1974 con quien hizo una película, *La mary*. Después, en 1978, vino su romance con el actor Ricardo Darín, 12 años menor que ella. Terminada esa relación, estuvo casada más de diez años con el jugador de polo Huberto Roviralta y dicen que para divorciarse de él tuvo que pagarle 10 millones de dólares. Cuando en una reciente entrevista se le preguntó si creía que por fin había encontrado al amor de su vida, ella contestó: "No sé. Nunca nadie sabe. ¿Cuál es el amor de tu vida? Es todo tan raro, la cuestión de los sentimientos y del enamoramiento. He estado tantas veces en pareja y no lo puedo saber todavía hoy".

ROBERTO GÓMEZ BOLAÑOS
"CHESPIRITO"

FEBRUARY 21ST 1929 • 21 DE FEBRERO, 1929

■The director Agustín Delgado thought Roberto Gómez Bolaños was so smart that he was like a little Shakespeare, which is how this diminutive Mexican actor got his famous nickname: Chespirito (a phonetic rendering of Shakespearito). But don't sell him short: what Shakespeare was to literature, Chesperito was to millions of Latinos who grew up in the light of his talent and humor. Besides being a writer, producer, and director, Gómez Bolaños was

> "IN ORDER TO STAY YOUNG, YOU'VE GOT TO HAVE PROJECTS. IF YOU'VE GOT PROJECTS TO WORK ON, YOU CAN BE A 90-YEAR OLD KID. IF YOU DON'T, YOU'LL BE AN OLD MAN AT 15."

responsible for bringing to life such memorable characters as the homeless kid El Chavo del Ocho, and El Chapulín Colorado. These characters were so successful that their popularity rivaled that of their creator. Gómez Bolaños was born on February 21st, 1929, and although he studied engineering in school, he soon realized that his true calling lay in the entertainment industry. He began by writing TV scripts, and by the sixties, the two most watched shows on Mexican television—*El estudio de Pedro Vargas* and *Cómicos y canciones*—were under his control. Shortly thereafter, he began to gain recognition as an actor, and in the seventies, *El Chavo del Ocho* and *El Chapulín Colorado* were permanent television fixtures in Mexico, the rest of Spanish America, and even the Portuguese-speaking nations of Brazil and Angola. After his first marriage (which produced six children) came to an end, he would find only one other partner in his life: the actress Florinda Meza, with whom he maintained a common-law relationship for 27 years, until they finally had an official wedding in 2004. To this day, Chespirito's programs are watched by millions all over the world. Besides having produced, written, and starred in the film *El chanfle*, Chespirito is the author of a musical as well as several other theatrical works. He also recorded a number of albums and published a book entitled *Poemas y un poco más* ("Poems and a Bit More") as well as his autobiography *Sin querer, queriendo* (*Wanting Without Wanting*). And as long as we try to sum up his life, he'll still be adding chapters to his life's story.

■El director de cine Agustín Delgado consideraba que Roberto Gómez Bolaños era tan inteligente que era como un pequeño Shakespeare, así es que decidió ponerle como mote el diminutivo en español de aquel famoso apellido: Chespirito. Y no se quedó corto, pues Shakespeare ha sido a la literatura, lo que él ha sido para la vida de millones de latinos que han crecido y vivido iluminados por su ingenio y humor. Además de escritor, productor y director, Gómez Bolaños ha sido el responsable de dar vida a personajes como El Chavo del Ocho y el Chapulín Colorado, y lo ha hecho con tal perfección, que llegaron a rivalizar con la fama de su creador. Nació el 21 de febrero de 1929 y aunque estudió ingeniería, al poco tiempo se dio cuenta de que su alma pertenecía al mundo del entretenimiento. Comenzó escribiendo guiones para la televisión y, ya en los años sesenta, los dos programas de mayor audiencia de la televisión mexicana (*El estudio de Pedro Vargas y Cómicos y canciones*) eran de su autoría. Al

> "PARA SEGUIR SIENDO JOVEN HAY QUE TENER PROYECTOS, QUIEN TIENE PROYECTOS PUEDE SER JOVEN AUNQUE TENGA 90 AÑOS, EL QUE NO LOS TIENE ES UN ANCIANO AUNQUE TENGA 15".

poco tiempo comenzó a darse a conocer como actor y en los setenta sus personajes El Chapulín Colorado y El Chavo del Ocho tenían su propio espacio en la televisión de México, América Latina y eventualmente en otros países como Brasil y Angola. Después del fin de su primer matrimonio del cual tuvo seis hijos, sólo tendría una pareja más en su vida: la actriz Florinda Meza, con quien permanecería en unión libre 27 años, hasta noviembre del 2004, cuando contrajeron matrimonio. Hasta el día de hoy los programas de Chespirito se transmiten en innumerables países y siempre con excelente sintonía. Además de haber producido, escrito y protagonizado la película *El chanfle*, Chespirito es autor de una obra musical y varias obras de teatro. También grabó varios discos y publicó un libro de poemas titulado *Poemas y un poco más*, así como su autobiografía *Sin querer, queriendo*. Y mientras los medios tratan de resumir su vida, el sigue sumando logros a su biografía.

AMPARO GRISALES

SEPTEMBER 19TH 1956 • 19 DE SEPTIEMBRE, 1956

■ For her 50th birthday, she posed nude for a Colombian magazine, and it stirred up quite a response! After it hit newsstands, Colombia's biggest diva had this to say: "Good things take time. And I'm one of those things." But to be honest, her beauty and talent opened the doors of fame to her at a young age, when she first began to act. Among her most memorable films, you'll find *Manuela* (1976), *Golpe a la mafia* (1980), and *Bésame mucho* (1994). She has achieved a great deal of success on the small screen as well, thanks to telenovelas like *Herencia maldita* (1990), *Dos mujeres* (1997), and *Los pecados de Inés Hinojosa* (1988). In this latter series, she appeared nude, which caused quite an uproar in her native country. It's also worth mentioning that in recent years she performed the musical monologue entitled *No seré feliz, pero tengo marido* for the Colombian stage, and she

> "THINGS HAVE TO COME OUT PERFECT, AND IF I HAVE TO SPEND MY OWN MONEY TO GET THEM THAT WAY, I'LL DO IT. I'M A PAIN IN THE ASS WHEN IT COMES TO GIVING PEOPLE A QUALITY PRODUCT."

also had a cameo appearance in the 2006 American film *Unknown*. During these years, she lived outside of Colombia: she studied French in France, had a torrid romance in Madrid, took a year long sabbatical in New York, and studied acting and dancing in Los Angeles. In 2007, she returned to Colombian television with the series *Madre Luna*, and surprised everyone with her revelation: "I'm still looking for the man I want to go to sleep with every night, who I want to wake up next to every morning, who I want to feel the rain with, look at the moon with, to grow with and watch the same countryside with." Yes, she has taken her time, but finally she seems ready to settle down. Suitors, be warned: there are thousands of you out there. But until her dream takes shape, Amparo Grisales will continue to flaunt her 20-year-old body, even if it's been around for half a century.

■ Al cumplir los 50 años posó desnuda para una revista colombiana ¡y el revuelo que armó! Después de todo la diva más importante de Colombia acababa de decir: "Las buenas cosas toman tiempo. Yo soy una de esas cosas que tomaron tiempo". Pero en honor a la verdad, su belleza y su talento le abrieron el paseo por la fama desde niña, cuando comenzó a actuar. Entre sus películas más recordadas se encuentran *Manuela* (1976), *Golpe a la mafia* (1980) y *Bésame mucho*

> "SI LAS COSAS TIENEN QUE SALIR PERFECTAS Y A MÍ ME TOCA HASTA INVERTIR DE MI DINERO, LO HAGO. SOY 'JODONA' PARA DARLE A LA GENTE BUENA CALIDAD".

(1994). También ha triunfado en la pantalla chica gracias a telenovelas como *Herencia maldita* (1990), *Dos mujeres* (1997) y *Los pecados de Inés Hinojosa* (1988). En esta última se desnudó, causando gran polémica en su país. A principios de los años 2000 vale destacar que realizó el monólogo musical *No seré feliz, pero tengo marido* para un teatro colombiano, amén de su breve intervención en la película estadounidense *Unknown*. En esta época vivió fuera de Colombia: estudió francés en Francia, tuvo un tórrido romance en Madrid, se tomó un año sabático en Nueva York y estudió baile y actuación en Los Ángeles. En el 2007 regresó a la televisión colombiana con la serie *Madre Luna* y sorprendió a todos con esta revelación: "A mí me hace falta ya el hombre con el cual dormir día a día, despertarme día a día, sentir la lluvia, ver la luna, con el cual crecer y observar el mismo paisaje juntos". Efectivamente le había tomado su tiempo, pero por fin quería casarse. Candidatos, no cabe duda, le sobran. Pero bien, mientras ese sueño se concreta, Amparo Grisales sigue luciendo ese cuerpazo de 20, aunque ya rebasa el medio siglo.

JUAN LUIS GUERRA

JULY 7TH 1957 • 7 DE JULIO, 1957

■ After studying at the Conservatorio Nacional de Música in Santo Domingo, Juan Luis Guerra Seijas went to Boston to continue his studies at the prestigious Berklee College of Music. There, this Beatles fan developed his music to such an extent that he became to merengue what Bob Marley was to reggae. Nevertheless, before working his way to the

> "THE COST OF LIFE
> AND GAS GOES UP AGAIN...
> AS THE DOLLAR FALLS OUT OF SIGHT
> DEMOCRACY CANNOT GROW"

top of the musical world, he had to pay his dues by writing advertising jingles. It was during those days that he met Maridalia Hernández, Mariela Mercado and Roger Zayas-Bazán, with whom he formed the group 440 and recorded his first two albums, *Soplando* and *Mudanza y acarreo*. In 1989, his album *Ojalá que llueva café* was an international success, and the following year came his succession of humorous hit songs like "La bilirrubina," "Rosalía," and "A pedir su mano," all of which are on the album *Bachata rosa*. The record's success garnered Guerra his first Grammy. Wanting to share his success with others, the Dominican singer established Fundación 440, which works to help poor children in his native country. In 2005, *Billboard* magazine honored him with a "Spririt of Hope" award. At the 2007 Premio Lo Nuestro show, he was given an honorary lifetime achievement award, the Academia Latina de la Grabación (LARAS) honored him as "Man of the Year." Without a doubt, his career has been as bright as it has been illuminating, and through it all, he has counted on the love and support of his wife Nora Vega, who he's called his best friend, inspiration, and companion.

■ Después de estudiar en el Conservatorio Nacional de Música de Santo Domingo, República Dominicana, Juan Luis Guerra Seijas se marchó a Boston a estudiar en el prestigioso Berklee College of Music. Así se fue formando este músico, amante de los Beatles, que ha sido para el merengue lo que Bob Marley representa para el reggae. Sin embargo, antes de iluminar el pentagrama musical del mundo pagó su "derecho de piso" escribiendo música para campañas publicitarias. Allí conoció a Maridalia Hernández, Mariela Mercado y Roger Zayas-Bazán, con quienes formó el Grupo 440 y grabó sus primeros discos, *Soplando, Mudanza y acarreo*. En 1989, su álbum *Ojalá que llueva café* lo consagró internacionalmente, y al año siguiente vino su famosa colección de jocosos temas como "La bilirrubina", "Rosalía", "A pedir su mano", incluida en su disco *Bachata rosa*. El

> "EL COSTO DE LA VIDA
> Y LA GASOLINA SUBE OTRA VEZ
> EL PESO QUE BAJA, YA NI SE VE
> Y LA DEMOCRACIA NO PUEDE CRECER".

éxito del disco lo llevó directo a ganar su primer premio Grammy. Deseoso de compartir con otros las bendiciones que ha recibido en vida, el cantautor dominicano estableció la Fundación 440 para ayudar a los niños pobres de su país. Por su incansable labor social, en el 2005 la revista *Billboard* le otorgó el Premio Espíritu de Esperanza. En el 2007 recibió el Galardón a la Excelencia en los Premios Lo Nuestro como un reconocimiento de su aporte a la música latina, mientras que la Academia Latina de la Grabación (LARAS) le otorgó el premio Persona del Año. Sí, el suyo ha sido un camino ciertamente iluminador e iluminado, y en toda esa travesía ha contado con su esposa, Nora Vega, a quien ha calificado como su mejor amiga, musa y compañera.

OLGA GUILLOT

OCTOBER 9TH 1922 • 9 DE OCTUBRE, 1922

■Now at 85 years of age, Olga Guillot was, is, and may well continue to be history's all-time best performer of the bolero, that supremely romantic music which, in the fifties, captivated hearts all across the world. She immortalized songs like "La gloria eres tú," "Soy lo prohibido," "Tú me acostumbraste," and "Miénteme." Gifted with a naturally powerful and singular voice, she began singing as a child, forming the group Las Hermanitas Guillot with her sister Ana Luisa in Cuba. She started formal training in 1938, and in 1940 she had joined the quartet Siboney, though her debut as a solo artist wouldn't be until 1945, when she performed in the Cuban capital. In 1958 she appeared in France, and

"BOLERO ISN'T AN OLD FORM OF MUSIC, BECAUSE MUSIC HAS NO AGE… BOLEROS ARE JEALOUS, GRUMPY, ROMANTIC, ARGUMENTATIVE, AGGRESSIVE, AND CARING. AND I WAS BORN WITH THEM. THEY'RE A PART OF MY ROOTS."

to this day she continues to be invited to perform on both sides of the Atlantic. In 1961, she left Cuba for good, moving to Mexico City, and she now divides her time with Miami, the world capital of Cuban exiles. In 1964, she became the first Hispanic to appear at the world famous Carnegie Hall in New York. A number of streets around the world have been renamed in her honor, including a section of Calle Ocho in Miami's Little Havana neighborhood. Now in her senior years, this lovely woman is happy with life. "I don't bother anybody. I have inner peace. All my thoughts are good for the world." In 2007 she received a Latin Grammy lifetime achievement award, so richly deserved by a woman whose fifty-odd albums have sold millions worldwide.

■A sus 85 años, Olga Guillot fue, es y quizá seguirá siendo la máxima intérprete en la historia del bolero, ese género romantiquísimo que, a partir de los años cincuenta, conquistó corazones alrededor del mundo. Inmortalizó melodías como "La gloria eres tú", "Soy lo prohibido", "Tú me acostumbraste" y "Miénteme". Dotada por la naturaleza

"EL BOLERO NO ES MÚSICA VIEJA PORQUE LA MÚSICA NO TIENE EDAD… EL BOLERO ES CELOSO, GRUÑÓN, ROMÁNTICO, PELEONERO, AGRESIVO Y CARIÑOSO. Y YO NACÍ CON ÉL, ES PARTE DE MIS RAÍCES".

de una voz potente y singular, cantó desde niña, cuando formó en su natal Cuba el dueto Las Hermanitas Guillot con su hermana Ana Luisa. Inició su preparación musical en 1938 y en 1940 era ya la segunda voz del cuarteto Siboney, aunque debutó como solista hasta 1945 en la capital cubana. En 1958 se presentó por primera vez en Francia y hoy todavía la siguen requiriendo para recitales en ambos lados del Atlántico. En 1961 abandonó Cuba de manera definitiva y más tarde se radicó en Ciudad de México, donde vive hasta ahora alternadamente con Miami, Florida, capital del exilio cubano. La Guillot se convirtió en 1964 en la primera hispana en actuar en el afamado Carnegie Hall de Nueva York. Varias calles del mundo han sido bautizadas en su honor, entre ellas una sección de la tradicional Calle Ocho, del barrio miamense La Pequeña Habana. Actualmente, en su tercera edad, la gloria hispana dice estar tranquila, pues "no le hago daño a nadie. Tengo paz interior. Todos mis pensamientos son bonitos para el mundo". En el 2007 recibió el Grammy Latino a la Excelencia Musical por su trayectoria, que incluye la grabación de más de 50 álbumes con los cuales vendió millones.

SALMA HAYEK

SEPTEMBER 2ND 1966 • 2 DE SEPTIEMBRE, 1966

■ Her mother was an opera singer, and her father was a successful Lebanese businessman who had settled in Mexico. As such, Salma Hayek had a comfortable upbringing that laid the foundation for her strong, secure personality. She left school to pursue a career as an actress, and conquered the hearts of Mexicans everywhere with her performance in the telenovela *Teresa*. However, her personal aspirations lay outside the borders of her native country, and in 1991 she moved to Los Angeles. After a few small roles, she appeared alongside Antonio Banderas in the box office smash *Desperado*, which led to other leading roles. But her eager, intellectual spirit wasn't satisfied with merely commercial success, which is why she soon

> "BEFORE YOU DO ANYTHING, THINK. IF YOU DO SOMETHING TO TRY AND IMPRESS SOMEONE, TO BE LOVED, ACCEPTED OR EVEN TO GET SOMEONE'S ATTENTION, STOP AND THINK. SO MANY PEOPLE ARE BUSY TRYING TO CREATE AN IMAGE, THEY DIE IN THE PROCESS."

formed the Ventanarosa production company, where she could develop her own projects. Eventually, that led her to one of her crowning achievements in 2002 with *Frida*, the film she had always dreamed of making, and not only did she play the titular role, she also was the film's producer. Her dedication did not go unnoticed, and the film earned six Oscar nominations, including one for Best Actress. In 2003, she made her directorial debut with *The Maldonado Miracle* which screened at the Sundance Film Festival and eventually won her an Emmy. And in 2006, she reached another milestone as the executive producer for the highly successful television series *Ugly Betty*. Her good fortune also spread into her love live when she met the multimillionaire François-Henri Pinault, with whom she had her first child, Valentina Paloma, in late 2007. Indefatigable, just a few weeks after giving birth, she was already brainstorming new projects and new ways to take advantage of her talent, all in the name of making films a better and better source of entertainment.

■ Su madre era cantante de ópera y su padre un exitoso empresario libanés radicado en México. Así las cosas, Salma tuvo una infancia en donde la abundancia cultural y económica le ayudaron a formar un carácter firme y seguro. En sus años universitarios abandonó los estudios para dedicarse a la actuación y conquistó el corazón de los mexicanos a través de las telenovelas. Consciente de que sus ambiciones eran más grandes que el panorama artístico de su país, pues lo suyo era el cine, empacó sus pertenencias y se mudó a Los Ángeles en 1991. Tras pequeños papeles, protagonizó junto a Antonio Banderas el éxito taquillero *Desperado* que le abrió el camino a otras interpretaciones. Pero de un espíritu tan inquieto como intelectual, no quiso encasillarse en éxitos comerciales por lo que formó la empresa productora Ventanarosa para desarrollar sus propios proyectos. Así, llegó a sus manos la oportunidad de realizar *Frida*, película a la que se entregó en cuerpo y alma no sólo como protagonista, sino como productora. Su dedicación no fue en vano ya que el filme logró seis nominaciones al premio Oscar, incluida su primera

> "SI HACES ALGO PARA TRATAR DE IMPRESIONAR A ALGUIEN, DE QUE TE QUIERA, TE ACEPTE O INCLUSO LLAMAR SU ATENCIÓN, DETENTE Y PIENSA. MUCHAS PERSONAS ESTÁN TAN OCUPADAS EN CREAR UNA IMAGEN, QUE MUEREN EN EL PROCESO".

candidatura al Oscar como mejor actriz. En el 2003 debutó como directora de cine con *The Maldonado Miracle*, la cual se mostró en el prestigioso Sundance Film Festival y, de paso, le valió un premio Emmy. En septiembre del 2006 logró otra conquista al ser la productora ejecutiva de *Ugly Betty*, una de las series de televisión más exitosas de Estados Unidos. Exitosa también es su vida personal, pues encontró el amor con el multimillonario François-Henri Pinault, con quien a finales del 2007 tuvo su primera hija, Valentina Paloma. Eternamente incansable, a las pocas semanas de dar a luz, ya planeaba cómo seguir contribuyendo con sus proyectos e ingenio a que el cine cada vez sea una mejor fuente de entretenimiento.

RITA HAYWORTH

OCTOBER 17TH 1918–MAY 14TH 1987 • 17 DE OCTUBRE, 1918 – 14 DE MAYO, 1987

■ Her father, who was Spanish, taught her to dance as soon as she could walk, so it should come as no surprise that by the time she was 12, she was performing alongside him on stage. It was during one of those performances that she was discovered by a Fox studio executive and signed to a deal.

"ALL I WANTED WAS JUST WHAT EVERYBODY ELSE WANTS, YOU KNOW, TO BE LOVED."

Born in Brooklyn, Margarita Carmen Cansino made her on-screen debut in the film *Dante's Inferno*. Later on, she moved to Columbia Pictures, where she worked hard to stay away from stereotypical Latina roles. To that effect, she had cosmetic surgery on her nose, colored her hair, and she shortened her name from Margarita to Rita and took on her mother's maiden name of Hayworth. She finally broke out in the early forties with films like *You'll Never Get Rich* (in which she danced alongside Fred Astaire), *The Strawberry Blonde*, and *Gilda*, where she played the eponymous—and very defining—role. She once famously noted: "Every man I have ever known has fallen in love with Gilda and awakened with me." The so-called Goddess of Love knew how to live up to the name: she was married five times, to James Hill, Dick Haymes, Prince Aly Kahn, Orson Welles, and Edward C. Judson. To that point, she once remarked, "What surprises me in life are not the marriages that fail, but the marriages that succeed." Unfortunately, in 1980, she was diagnosed with Alzheimer's, though a number of biographers have suggested that she was affected by the disease as much as two decades before that. She passed away in 1987 at the age of 68, but not before notching a few more historical victories: she made the cover of *Life* five times, was selected by *Empire* as one of the 100 sexiest stars of all time, was lauded by *Entertainment Weekly* as one of the greatest actresses of all time, and American Film Institute included her among the 50 biggest film stars of all time.

■ Su padre, que era español, le dio sus primeras clases de baile desde su infancia, así que no fue sorpresa que al cumplir los 12 años, se uniera a él en sus espectáculos. En esas andaba cuando un ejecutivo de los estudios de cine Fox se fijó en ella y la invitó a ser parte de esa empresa. Nacida en Nueva York, Margarita Carmen Cansino, debutó a los 16 años en el cine en la película *Dante's Inferno*. Con el tiempo, Columbia Pictures se interesó en ella, y al cambiarse de empresa cinematográfica también quiso asegurarse de que no la siguieran estereotipando en papeles de latina. Así es que se hizo una cirugía en la nariz, se tiñó el cabello y

"YO SÓLO QUERÍA LO QUE TODO EL MUNDO QUIERE, A SABER: SER AMADO".

cambió su nombre a Rita Hayworth (Rita es diminutivo de Margarita y Hayworth era su apellido materno). A principios de los años cuarenta, su popularidad se disparó gracias a filmes como *You'll Never Get Rich* (junto a Fred Astaire) *The Strawberry Blonde* y *Gilda*, siendo éste último el personaje que sería tan asociado con ella. "Todo hombre que he llegado a conocer se ha enamorado de Gilda", dijo una vez, "y se ha despertado conmigo". La llamada "diosa del amor", supo vivir este sentimiento divinamente, ya que estuvo casada cinco veces (con Edward Judson, Orson Welles, Dick Haymes, Price Ali Khan y James Hill). "En la vida, lo que me sorprende", comentaría después, "no son los matrimonios que fracasan, sino los matrimonios que triunfan". Lamentablemente, en los años ochenta se le diagnosticó el mal de Alzheimer, aunque sus biógrafos aseguran que esta enfermedad había comenzado a apoderarse de ella dos décadas antes. En 1987, a la edad de 68 años, falleció, pero no sin antes anotarse históricas victorias: Fue cinco veces la portada de la revista *Life*, la revista *Empire* la seleccionó como una de las 100 estrellas más sexys en 1995, la revista *Entertainment Weekly* la eligió como una de las mejores actrices de todos los tiempos, y el Instituto de Cine de Estados Unidos la incluyó entre las 50 máximas leyendas de la pantalla.

JULIO IGLESIAS

■His first passion in life was sports. In fact, he was such a gifted athlete that he even played goalkeeper for Real Madrid's youth squad, and although his dream was to play professionally, a car accident and a severe spinal cord injury snatched it all away from him. To help lift his spirits, one of his attending doctors gave him a guitar, and from that

"LOVE IS LIKE WINE. IT'S FINE TO HAVE A SIP, BUT EMPTYING THE BOTTLE IS A HEADACHE!"

moment on, the 20-year-old Julio José Iglesias de la Cueva played his first notes. He didn't become a master of the strings, but he did learn enough chords to write his first few songs. Although doctors were concerned that he would never be able to walk again, with tremendous discipline and the support of his father, not only did Julio Iglesias learn to walk again, he embarked on a marathon artistic career that would generate record sales of over 250 million copies. The journey began in 1968, when he took first prize in the prestigious Benidorm International Song Festival with his heartfelt song "La vida sigue igual." Considered one of the most famous Spaniards in the world, he added Japanese, German, Tagalog, Portuguese, French, and Italian to his repertoire, and performed to sellout crowds in all of those countries. In 1983, he became the first and only singer to receive a Diamond Record from the Guinness Book of World Records for selling more records in more languages than any other artist. And don't forget that Julio and his companion Miranda Rijnsburger support a number of charitable causes, although they prefer to do this part of their work outside of the public's eye. He and Miranda have had five children: Victoria and Cristina (twins), Miguel Alejandro, Rodrigo and Guillermo. Before that, in the seventies he had three children with his former wife Isabel Presley: Enrique, Julio Jr. and Chábeli. Recently, when reflecting on how different his life is now compared to how it began, he replied, "My life has changed in the last 20 years. I no longer count the days, the minutes, the seconds."

■Su primera pasión en la vida fue por los deportes. Era tan buen deportista que hasta fue portero de la sección juvenil del Real Madrid y aunque su sueño era jugar profesionalmente, un accidente automovilístico se lo arrebató para siempre: quedó semiparalítico por casi dos años. Para levantarle el ánimo, un enfermero que lo cuidaba le obsequió una guitarra y así fue que a los 20 años, Julio José Iglesias de la Cueva comenzó a tocar sus primeros acordes en este instrumento. No se convirtió en un virtuoso de las cuerdas, pero aprendió lo necesario para componer sus primeras canciones. Aunque sus probabilidades de recuperación eran pocas, con enorme disciplina y la ayuda de su padre logró volver a caminar, y de paso recorrió una maratónica carrera artística que lo llevó a vender 250

"EL AMOR ES COMO BEBER VINO: TOMAR UN SORBO ESTÁ BIEN, PERO BEBERSE TODA LA BOTELLA ¡TE DEJA CON TREMENDO DOLOR DE CABEZA!".

millones de discos. La travesía comenzó en 1968, cuando ganó el famoso Festival de Música de Benidorm con "La vida sigue igual", uno de sus más sentidos poemas hechos canción. Llamado el español más universal del mundo, también ha grabado en japonés, alemán, tagalo, portugués, francés, italiano. En cualquier idioma que cante, en cualquier país que se presente, todos se han rendido a sus pies. En 1983 se convirtió en el primer y único cantante en recibir un disco de diamantes concedido por el Libro Guinness de los Récords, por vender más discos en más idiomas que ningún otro. No hay que olvidar que Julio Iglesias y su compañera, Miranda Rijnsburger, apoyan innumerables causas benéficas, aunque prefieren hacer la mayor parte de esto refugiados en el anonimato. Con Miranda también ha procreado cinco hijos: Victoria y Cristina (que son gemelas), Miguel Alejandro, Rodrigo y Guillermo. Antes, en los setenta, estuvo casado con Isabel Presley, con quien tuvo tres: Enrique, Julio Jr. y Chábeli. Al reflexionar sobre cómo difiere su visión de la vida ahora de cuando comenzó, dijo recientemente: "Mi vida en los últimos 20 años ha cambiado. Yo ya no cuento los días, cuento las horas, los minutos, los segundos".

PEDRO INFANTE

NOVEMBER 18TH 1917 – APRIL 15TH 1957 • 18 DE NOVIEMBRE, 1917 – 15 DE ABRIL, 1957

■Half a century after his death, Pedro Infante—the Icon of Icons—still brings tears to the eyes of thousands of fans who still can't believe that he'll never return to the screen again…and that's despite the fact that his 61 career films continue to be rerun on television channels across Latin America and the United States. The same is true of the radio stations, which continue play any and all of the roughly 400 songs that the golden-voiced artist recorded. But before all that, José Pedro Infante Cruz worked as a barber and a carpenter. In 1939, he moved to Mexico City to try his

> "FILM CHANGED MY LIFE. BUT I WISH I COULD HAVE DONE MORE. I WANT TO DIRECT; I'M ONE OF THOSE PEOPLE WHO IS ALWAYS PAYING ATTENTION TO THE CAMERAS, THE SET, THE LIGHTING. ULTIMATELY, I WANT TO IMPROVE MY OWN ARTISTIC WORK."

luck in the music industry, and it wasn't long before his indisputable talents opened up a small opportunity on the radio show *La feria de las flores*. But with his charisma, his respect for his colleagues and coworkers, and his enormous abilities as an actor, a singer, and a general entertainer, he eventually found his way into dozens of important films. In 1956 he won an Ariel (Mexico's version of an Oscar) for his film, *La vida no vale nada*. Unsettled in love, Infante had three wives—María Luisa León, Lupita Torrentera, and Irma Dorantes—though there were a number of other romantic relationships. The phenomenon of his fame has been the topic of much study and debate. One theory is that the so-called *ídolo de Guamúchil* "represented what every Mexican should be: a respectful son, an unconditional friend, a romantic lover, and a man of his word." He was also an enthusiastic fan of aviation, so much so, in fact, that he died doing what he loved: flying a plane, which crashed in Mérida, Yucatán on April 15th, 1957. Ever since that day, every year, on the anniversary of his death, fans still bring flowers to his grave.

■Medio siglo después de fallecer, el ídolo de ídolos, Pedro Infante, sigue arrancándoles las lágrimas a miles de fans que aún rehúsan creer que ya no lo van a ver en la pantalla. Y eso, a pesar de que sus 61 películas siguen siendo

> "EL CINE CAMBIÓ MI VIDA. AHORA BIEN, ME DISGUSTA EL NO PODER SACAR MÁS PARTIDO A MI TRABAJO. QUIERO DIRIGIR, SOY DE LOS QUE OBSERVAN CON ATENCIÓN LAS CÁMARAS, DECORADOS Y MÁQUINAS EN GENERAL. EN FIN, QUIERO SUPERARME EN MI TRABAJO ARTÍSTICO".

retransmitidas con frecuencia en diferentes canales de televisión en América Latina y Estados Unidos. Lo mismo sucede en algunas estaciones de radio con sus discos, pues, poseedor de una voz de oro, grabó unas 400 canciones. Pero antes de eso, José Pedro Infante Cruz trabajó como barbero y carpintero. En 1939 se mudó a la capital mexicana para probar suerte en el mundo de la música y, al poco tiempo, su indiscutible calidad interpretativa le abrió una oportunidad en la radio, a donde le llegó la invitación a actuar. Su primera oportunidad vino en *La feria de las flores*, en la que tuvo un pequeño papel. Pero su carisma, su buen trato hacia los demás, su enorme capacidad como actor, como cantante, como hombre del entretenimiento, lo llevaron a hacer decenas de películas en un tiempo récord. En 1956 ganó el premio Ariel por *La vida no vale nada*. Inquieto en el amor, tuvo tres esposas: María Luisa León, Lupita Torrentera e Irma Dorantes, aunque vivió otros romances más. El fenómeno de su fama ha sido objeto de muchos estudios y diversas explicaciones. Una de ellas indica que el llamado ídolo de Guamúchil "representó lo que todo mexicano debía ser: hijo respetuoso, amigo incondicional, amante romántico, hombre de palabra". Era un apasionado de la aviación, fervor que lo llevó a una muerte prematura haciendo lo que le gustaba, pues piloteaba su avión un 15 de abril de 1957 cuando la nave se accidentó en Mérida, Yucatán. Desde entonces, cada 15 de abril muchos de sus fans todavía visitan su tumba y le llevan flores, recordando que han hecho con él una cita que no pueden dejar de cumplir.

JOSÉ JOSÉ

FEBRUARY 17TH 1948 • 17 DE FEBRERO, 1948

■He is responsible for elevating the romantic ballad to some of its loftiest heights, thanks to a singular tessitura and his collaborations with some of the greatest Hispanic composers of our time. His father was an opera singer and his mother was a concert pianist, and thus it was at a young age that he first began to learn about the art that he would eventually carry to every corner of Latin America. José Rómulo Sosa Ortiz was born in Mexico City in 1948, and by 1969 he had gotten his first taste of the sweet nectar of success thanks to his song, "La nave del olvido." One year later, he participated in the Festival de la Canción Latina (later renamed the OTI Festival de la Canción), coming in third, though there

> "LOVE IS GOD'S NATURE. AND IT'S A VERY STRONG NATURE TOO: ALL YOU HAVE TO DO IS LOOK AROUND AND YOU'LL SEE EXAMPLES OF IT EACH AND EVERY DAY."

were some whistles of protest when he wasn't declared the winner. Time would prove those early supporters correct, as the song he performed for the competition, "El triste," went on to become an international hit. From that point on through the next two decades, José José became one of the spearheads of Latin music: every song he recorded went directly to the top of the charts, and when he wasn't recording, he was touring the continent and making his first few incursions into the world of film. But behind the scenes, a terrible addiction to alcohol and other drugs was taking its toll on his life. The disease was so powerful that by the nineties, he was reduced to living on the streets. When the Mexican people found out, they called out unanimously for his recovery and return to fame. And just like a phoenix, José made a triumphant return, and in 1994 he released a new album, *Grandeza mexicana*, which included a duet with his son, José, also known as Pepito. The so-called Prince of Song has been king in the hearts of three women: Natalia Herrera Calles, Ana Elena Noreña (Anel), and Sara Salazar, whom he married in 1995. At the age of 60, he is not ready to retire, but he promised that whenever that day might arrive, he will have lots to do: "I want to learn English and French and do a number of other things I've never been able to do, because I've always been working. And I want to continue to study music, because the great ones like Frank Sinatra never stopped learning."

■Él es el responsable de haber llevado la balada romántica a uno de sus máximos niveles, gracias a una singular tesitura de voz y haber hecho mancuerna con algunos de los mejores compositores hispanos. Su padre era cantante de ópera y su madre concertista de piano, por lo que desde muy pequeño recibió las primeras lecciones del arte que lo llevaría a recorrer todo el continente latinoamericano. Nacido en la capital mexicana en 1948, José Rómulo Sosa Ortiz comenzó a saborear los néctares de la fama en 1969 gracias a la canción "La nave del olvido". Un año después participó en el Festival de la Canción Latina (actualmente conocido como OTI), en el cual quedó en tercer lugar, algo que arrancó chiflidos entre la audiencia que lo consideraba el ganador. El tiempo así lo reafirmó pues la canción con la que participó ("El triste") fue un exitazo nacional e internacional. Por las próximas dos décadas, José José se convirtió en una proeza de la canción latina: cada disco que grababa ascendía directamente a los primeros lugares de ventas, mientras que recorría en giras de conciertos todo el continente y, de paso, hasta incursionó en el cine. Pero tras bambalinas, una terrible adicción a las drogas y el alcohol hacían estragos en su vida. La enfermedad se apoderó tan fuertemente de él

> "EL AMOR ES EL CARÁCTER DE DIOS. POR LO VISTO, ÉL TIENE UN CARÁCTER MUY FUERTE: BASTA VER TODAS LAS MUESTRAS DE AMOR QUE NOS DA TODOS LOS DÍAS".

que a principios de los años noventa llegó a vivir en la calle. Al enterarse, el pueblo de México se entregó fervorosamente a la oración: pedían por su recuperación, por el regreso de su ídolo. Como el Ave Fénix, José regresó triunfante y en 1994 lanzó un nuevo disco, *Grandeza mexicana*, en el que incluyó un tema con su hijo José ("Pepito"). El llamado "Príncipe de la canción" ha sido el rey en el corazón de tres mujeres: Natalia Herrera Calles, Ana Elena Noreña (Anel) y Sara Salazar, con quien se casó en 1995. A sus 60 años todavía no desea retirarse, pero asegura que cuando ese día llegue, seguirá teniendo muchas cosas que hacer: "Quiero aprender inglés y francés, todo lo que no he podido hacer porque siempre estuve trabajando. Y quiero seguir estudiando canto porque las grandes estrellas, como Frank Sinatra, siempre siguieron estudiando".

JOSELITO

■ His precocious arrival into the world of music left many to wonder if José Jiménez Fernández (also known as Joselito) learned how to sing before he learned how to talk. He was even known as "the little nightingale." One of the first countries to be delighted by his voice was France, when a visionary businessman took him there to sing. In the fifties, he entered the film industry as a young prodigy. His first roles in films such as *El pequeño ruiseñor*, *Saeta de un ruiseñor*, and *El ruiseñor de las cumbres* were based on his

> "IN MY LIFE, I'VE HAD A NUMBER OF EXPERIENCES THAT HAVE LEFT THEIR MARK ON ME...NOT AS A CHILD PRODIGY, BUT BECAUSE OF MY AWFUL VENTURE INTO THE WORLD OF DRUGS. I'VE LIVED A VERY INTERESTING, INTENSE LIFE—BOTH AS JOSELITO AND AS A NORMAL CITIZEN—THAT WOULD MAKE FOR A GOOD MOVIE."

early childhood stage name. Some of them were seen not just in Spanish-speaking countries but in countries like France and Italy as well. Other films later on in his career had success befitting his career as a singer, and in them he gave memorable performances of such classics as "El Pastor," "Granada," and "La malagueña". Unfortunately, his most recent films didn't do quite so well, and, in 1968, he retired from acting. For about 20 years, his life would fade into obscurity, until rumors began to circulate that he was involved in some shady activities. These rumors were proven true when, in 1990, he was arrested in Angola on charges of drug and weapons trafficking. He was deported back to Spain to serve out his prison term. After his release, he rehabilitated himself, began singing again, and wrote his autobiography, *La jaula del ruiseñor*. In 2006, he received a heartfelt tribute in Córdoba, the first of what his many admirers hope will be many to come.

■ Su precoz llegada al mundo de la canción hizo que muchos pensaran que antes de aprender a hablar, José Jiménez Fernández ("Joselito") ya sabía cantar. De hecho se le llegó a conocer como "el niño ruiseñor". Uno de los primeros países que fueron deleitados con su voz fue Francia, a donde un visionario empresario lo llevó a cantar. Después vino el cine, en donde se convirtió en un niño prodigio en las décadas de los cincuenta y los sesenta. Sus primeros papeles en películas como *El pequeño ruiseñor*, *Saeta de un ruiseñor*, *El ruiseñor de las cumbres* estuvieron asociados al mote artístico que le acompañó desde que cantó las primeras veces frente a un público. Algunas de estas películas se vieron no solamente en países de habla hispana, también llegaron al mercado italiano, francés e incluso árabe. Después vinieron otras películas igual de exitosas y su carrera como cantante, en la cual inmortalizó sus interpretaciones de temas de gran dificultad, como "El pastor", "Granada" y "La malagueña". Desafortunadamente, sus últimos filmes no recibieron tan buena aceptación y en 1968 se retiró del cine. Por más de dos décadas su vida caería en un abismal silencio, hasta que comenzaron a circular rumores que lo situaban en circunstancias más o menos escabrosas, y en 1990 fue

> "EN MI VIDA HA HABIDO MUCHAS CIRCUNSTANCIAS QUE ME HAN MARCADO, YA NO COMO NIÑO PRODIGIO, SINO POR MI DESGRACIADA VINCULACIÓN CON EL MUNDO DE LAS DROGAS. HE TENIDO UNA VIDA MUY INTENSA, ES UNA HISTORIA INTERESANTE DE CONTAR NO SÓLO POR SER JOSELITO, SINO COMO CIUDADANO NORMAL. ES UNA HISTORIA QUE VALDRÍA LA PENA LLEVAR AL CINE".

detenido por la policía de Angola por tráfico de armas y drogas. Se le deportó a su país natal en donde estuvo en prisión. Superada esa etapa, se rehabilitó, volvío a cantar y escribió su biografía, titulada *La jaula del ruiseñor*. En el 2006 recibió un sentido homenaje en la localidad cordobesa de Priego de Córdoba. Ojalá sea el preludio de muchos más por venir.

JUANES

■ Everything got off to an early start: he was playing the guitar at age 7, he was leader of the group Ekhymosis at 15, and he had toured all of Latin America by the time he was 20. In 2000, he released his first album, *Fíjate bien*, which helped call attention to the problems of antipersonnel mines in his home country, Colombia. It won three Latin Grammys and led to his highly successful sophomore

> "THE MIXTURE OF FAITH, POLITICS, AND RELIGION PRODUCES SOME VERY STRANGE THINGS. THAT'S WHY I BELIEVE GOD IS IN EACH AND EVERY ONE OF US, AND THEREFORE WE HAVE TO RESPECT EACH OTHER."

effort, *Un día normal*, which spent 92 months in the top ten best selling albums in the U.S. And he hasn't looked back since then, coming up with uplifting songs, skillfully fusing rock and roll with Latin rhythms and always very impressive lyrics. *The Los Angeles Times* has described him as "the single most important figure of the past decade in Latin pop music," *Time* magazine listed him as one of the 2004's 100 most influential people in the world. His sense of humanitarianism led him to petition the European Union for aid to victims of antipersonnel mines in Colombia, and they granted him a donation of 2.5 million euros. The cause has been close to his heart ever since he met with Colombian soldiers: "I learned that it's all too easy to worry about simple things in life when people are out there dealing with life and death every day." After that experience, he established the Mi Sangre Foundation, through which he helps victims of land mines, as well as more general aid to his country's children. In late 2007, Colombia revealed a statue in his honor as well as a park which bears the name "Juanes Peace Park." This remarkable human being has been given the well-deserved nickname of "Goodwill Ambassador" of Colombia's Excellence.

■ Todo comenzó temprano en su vida: la guitarra la aprendió a tocar cuando tenía 7 años, a los 15 era el líder de la agrupación Ekhymosis y, antes de los 20 años, ya había recorrido toda América Latina. A finales de los noventa grabó su primer disco, *Fíjate bien*, con el cual dirigía la atención a la problemática de las minas antipersonales que vive su país, Colombia. El disco ganó tres premios Grammy Latino y le abrió la puerta a su seguidor: *Un día normal*, el cual se mantuvo 92 semanas entre los 10 álbumes latinos más vendidos de Estados Unidos. Desde entonces no ha parado de crear geniales canciones, fusiones magistrales de música rock con ritmos latinos y siempre, siempre, impactantes líricas. De allí que el diario *Los Angeles Times* lo catalogara como "la figura más importante de la música latina en la última década", o que la revista *Time* lo nombrara entre las 100 personas más influyentes en el mundo, en el 2004. Su labor social lo llevó a presentarse frente al parlamento europeo y obtener una donación de 2.5 millones de euros para las víctimas de las minas en

> "LA MEZCLA DE LA FE, LA POLÍTICA, LA RELIGIÓN PRODUCE COSAS MUY RARAS. POR ESO PREFIERO PENSAR QUE DIOS ESTÁ EN CADA UNO DE NOSOTROS Y QUE, POR LO TANTO, DEBEMOS RESPETARNOS".

Colombia, un tema que no le abandona desde que le tocó visitar a los soldados de su país, y del cual ha dicho: "Aprendí qué fácil es preocuparnos de cosas simples, cuando hay tanta gente cuyas preocupaciones implican la vida o la muerte todos los días". Por eso fundó la organización Mi sangre, a través de la cual ayuda a las víctimas de esas minas, a la vez que ayuda a los niños de su país. A finales del 2007, en Colombia se develó la primera estatua en su honor y se inauguró el Parque Juanes de la Paz, que más que su nombre, es el lema por el cual respira y transpira este gran ser humano a quien, con justa razón, le llaman el "embajador por excelencia de los colombianos de bien".

JUAN GABRIEL

JANUARY 7TH 1950 • 7 DE ENERO, 1950

■Nobody has been able to describe love in all its various forms quite like this musical artisan. Which explains why more than 700 artists from practically every musical genre there is have done covers of his songs. And the number keeps growing, along with the number of records he sells. His success is also proof that miracles can happen, considering that nobody would have ever predicted that that little barefoot kid would grow up to become one of the most idolized Spanish-speaking singers of all time. Alberto

"ASK NOT ABOUT WHAT YOU CAN SEE."

Aguilera Valadez was three months old when his father died tragically in a farmland fire, and he was placed in a state-run school known only as "El Tribunal" which he escaped from in favor of a life selling trinkets on the street. When he moved to Mexico City in hopes of catching a break as a singer, he was accused of a robbery and imprisoned for one year. In jail, he met the actress and singer Queta Jiménez, who was so taken with his talent that not only did she ask him to perform some of her own songs, but she also helped earn him his freedom. The rest, as they say, is history: the so-called *divo de Juárez* enjoyed a meteoric rise to fame. Nearly everything he wrote was broadcast all over the airwaves, and it touched the hearts and lives of everyone who heard them. Songs like "No tengo dinero," "Amor eterno," "Hasta que te conocí," "No se ha dado cuenta," "Yo no nací para amar," and his immortal "Querida" have been enjoyed by millions of people. And unlike those other stars who make it big and then forget about where they came from, Juan Gabriel returns often to the poor streets of his youth, showing people the importance of remembering your past. It was in that spirit that, in 1987, he founded SEMJASE, a home for orphaned and underprivileged children located in Ciudad Juárez.

■Nadie como este artesano de la canción ha sabido describir el amor en cada una de sus etapas y rincones. Eso explica que más de 700 artistas, de prácticamente todos los géneros, hayan escogido temas suyos para sus discos. Y la cifra sigue creciendo. Como sigue en aumento el número de

"LO QUE SE VE NO SE PREGUNTA".

discos vendidos. Su éxito es también una prueba de que los milagros existen, pues nadie hubiera dicho que aquel niño descalzo llegaría a ser uno de los cantantes más idolatrados de los hispanoparlantes. Alberto Aguilera Valadez tenía 3 meses cuando su padre murió, luego de sufrir un terrible accidente con el fuego de unos pastizales, y el pequeño estuvo interno en una escuela del gobierno conocida nada menos que como "El Tribunal", de donde escapó para vender artesanías y comida en la calle. Cuando viajó a México con la esperanza de desarrollarse como cantante, se le acusó de un supuesto robo y estuvo preso más de un año. En la cárcel conoció a Queta Jiménez, "La Prieta Linda", quien, deslumbrada por su talento, no sólo se convirtió en la primera en cantar uno de sus temas, sino que lo ayudó a salir en libertad. El resto es historia. El fenómeno del ahora llamado "divo de Juárez" tomó dimensiones meteóricas. Casi todo lo que ha compuesto se ha plantado en los primeros lugares de las radios, de los corazones, de las vidas de quienes le escuchan. Temas como "No tengo dinero", "Amor eterno", "Hasta que te conocí", "No se ha dado cuenta", "Yo no nací para amar" y "Querida" han llegado a ser parte de la vida y el sentir de millones de personas. A diferencia de otros que al alcanzar fama y fortuna se olvidan de su procedencia, Juan Gabriel ha vuelto con frecuencia a los pueblos que lo vieron crecer y carecer, para compartir con aquellos que le recuerdan sus principios. En 1987 fundó su casa hogar SEMJASE en la cual ayuda a niños huérfanos y desvalidos.

RAÚL JULIÁ

■The Puerto Rican actor Raúl Juliá made his way to the top with the idea that any goal in life is attainable. He was an excellent actor whether on screen, on television, or on stage, and he combined that talent with a generous heart and a desire to share his passion with others. He was born Raúl Rafael Carlos Juliá y Arcelay in San Juan on March 9th, 1940, and thanks to a supportive, affluent family, he finished his education with a Bachelor of Arts degree. Around that time, Raúl began performing night shows in downtown San Juan, and he was eventually discovered by the actor Orson Bean, who encouraged him to try his luck in New York. Despite the fact that his family wanted him to go to law school, Raúl decided to go after his dreams, and took off for the Big Apple. He immediately enrolled in acting classes, and in 1964, he made his debut in a Spanish-language

"SPANISH AMERICA ISN'T ALL ABOUT FOLKLORE. IT'S ALSO A WONDERFUL SOURCE OF TALENT."

stage production. After that, he appeared in several other theatrical works, until one day the producer Joseph Papp decided to bring some classic dramatic works to the stage, and offered Raúl the lead role in Shakespeare's *Titus Andronicus*. In 1972 he was nominated for his first Tony when he appeared in *Two Gentlemen of Verona*, after which more roles and more nominations followed: *Where's Charley?* (1975), *The Three Penny Opera* (1977), and *Nine* (1981), all equally impressive. He also appeared in an impressive string of films, including (among others) *Kiss of the Spider Women*, *One from de Heart*, *The Escape Artist*, *Onassis*, *Presumed Innocent*, *The Burning Season*, and *The Adams Family*. And despite a seemingly interminable list of projects, he always managed to find time to help out those less fortunate than himself. For 17 years, he was the spokesman for he Hunger Project, a foundation devoted to the elimination of world hunger, and he created the Raúl Juliá Fund to support it. To the sadness of us all, in 1994, at the height of his career, he died of a cancer-related stroke.

■Con la convicción de que todo en la vida se puede lograr, el actor puertorriqueño Raúl Juliá llegó sin tropiezos a la cima. Fue un excelente actor de cine, teatro y televisión, algo que combinó con un alma generosa que hizo del compartir con el prójimo una de sus mayores pasiones. Nació en San Juan el 9 de marzo de 1940 con el nombre de Raúl Rafael Carlos Juliá y Arcelay, y gracias a que creció en el seno de una familia acomodada pudo terminar sus estudios universitarios como Bachiller en Artes. Fue por esta época

"IBEROAMÉRICA NO ES SÓLO FOLCLORE, TAMBIÉN ES UN PORTENTO DE TALENTOS".

que se presentaba en un centro nocturno de la isla y el actor Orson Bean lo descubrió y lo animó a que buscara suerte en Nueva York. A pesar de que su familia quería que continuara estudiando leyes, decidió ir tras sus sueños y se instaló en la Gran Manzana. Enseguida tomó clases de actuación y en 1964 debutó en una obra de teatro en español. Comenzó a participar en diversas obras de teatro, hasta que un día el productor Joseph Papp le dio a Juliá el protagónico en la obra de Shakespeare, *Titus Andronicus*. Gracias a Shakespeare también llegó su primera nominación a un Premio Tony en 1927, cuando actuó en *Two Gentlemen of Verona*. Después vinieron otras nominaciones al codiciado premio: *Where's Charley?* (1975), *The Three Penny Opera* (1977) y *Nine* (1981), todas igual de impresionantes. Su participación en el cine también fue intensa. Entre otras cintas resaltan sus protagónicos en: *Kiss of the Spider Women*, *One from de Heart*, *The Escape Artist*, *Onassis*, *Presumed Innocent*, *The Burning Season* y *The Adams Family*. En medio de una cadena interminable de proyectos, siempre tuvo tiempo para pensar y trabajar por los menos afortunados. Durante 17 años fue el vocero de Hunger Project, una fundación dedicada a luchar por eliminar el hambre del mundo, y que en honor a su enorme apoyo creó el Fondo Raúl Juliá destinado a esta causa. En 1994, en la cúspide de su carrera, murió víctima de una apoplejía a la edad de 54 años.

ROCÍO JURADO

SEPTEMBER 18TH 1944 – JUNE 1ST 2006 • 18 DE SEPTIEMBRE, 1944 – 1RO DE JUNIO, 2006

■A whirlwind of voice, temperament, and personality. That's just one way to begin to describe Rocío Jurado. She had the abundance of talent necessary to dance flamenco to its fullest. Her full name was María del Rocío Trinidad Mohedano Jurado, she was born on September 18th, 1944, in a lovely coastal Spanish town known for its bohemian atmosphere. She dipped into the world of music at 14, and she won her first accolades in a contest sponsored by Radio Sevilla. Soon after that, her talent had taken over the local scene, so she and her mother moved to Madrid to flex her impressive abilities there. In 1962 she took first prize in the Concurso Internacional de Arte Flamenco de Jerez. Following her success there in the Spanish capital,

"WHEN I GO, IT WON'T BE BECAUSE I DIDN'T FIGHT."

she appeared in the long-running musicals *Una chica casi decente* and *La zapatera prodigiosa*, which was based on the work of Federico García Lorca. In the late sixties, her natural beauty garnered her some acclaim, winning Miss Spain and Miss Europe titles. At 22, the passion in her heart led her to wed boxer Pedro Carrasco; they were married for 13 years, and had one daughter Rocío Carrasco. The same year as her divorce, she had a highly successful show titled *Azabache*, and fell in love with the bullfighter José Ortega Cano. They married in 1995 at the Sevilla ranch La Yerbabuena in front of 1,500 guests. Though successful in love as well as entertainment, in 2004 she was hit with the unfortunate news that she had pancreatic cancer. In one of the last interviews she gave, she said, "Now, everything seems so much more valuable. Every new day is a gift. To get up in the morning and witness the miracle of life—to watch the sun rise and know that you are a part of that spectacle—it's the greatest thing in the world." On June 1st, 2006, Rocío passed away in her home in Madrid, surrounded by family and friends.

■Un torrente de voz, de temperamento y de personalidad. Eso era Rocío Jurado y mucho más. Esa abundancia de todo la llevó a interpretar la copla y el flamenco con una intensidad absoluta. Su nombre completo era María del Rocío Trinidad Mohedano Jurado. Nació el 18 de septiembre de 1944 en un hermoso pueblo marítimo en el sur de España, caracterizado por su ambiente bohemio. Entró al

"CUANDO ME VAYA NO SERÁ PORQUE NO HAYA PELEADO".

mundo de la música cuando a los 14 años ganó su primer concurso musical en Radio Sevilla. Pronto el escenario local se encogió ante sus gigantescas habilidades, así es que, acompañada por su madre, se mudó a Madrid. En 1962 se llevó el primer lugar en la categoría de fandangos en el I Concurso Internacional de Arte Flamenco de Jerez. Tras varios éxitos en la Zarzuela participó en largometrajes como *Una chica casi decente* y *La zapatera prodigiosa*. A finales de los años sesenta, su belleza también aseguraba otras conquistas, de manera que fue nombrada Miss España y Miss Europa. Su carácter apasionado la llevó al altar por primera vez a la edad de 22 años con el boxeador Pedro Carrasco, relación que duró 13 años. Ese mismo año, justo cuando triunfaba en España con su espectáculo teatral *Azabache*, se volvió a enamorar. Esta vez del torero José Ortega Cano, con quien se casó en 1995 en la finca sevillana La Yerbabuena ante 1,500 invitados. Triunfante en el amor y en su carrera, enfrentó una desafortunada lucha contra un cáncer de páncreas que se le diagnosticó en el 2004. En una de sus últimas entrevistas, diría: "Ahora todo tiene mucho más valor, cada día que amanece es un regalo. Levantarte y ver el milagro de la vida es el mejor espectáculo del mundo, ver amanecer y saber que estás dentro de ese espectáculo". El 1ro del junio de 2006, la señora de la copla murió en su casa en Madrid rodeada de su familia y amigos más cercanos.

MARIO KREUTZBERGER

"DON FRANCISCO"

DECEMBER 28TH 1940 • 28 DE DICIEMBRE, 1940

■The only Chilean to have his name in a star on the Hollywood Walk of Fame, he's an inexhaustible communicator who has somehow managed to increase his accomplishments at the same time and at the same

> "ULTIMATELY, I'M LIVING ON MEMORIES AND CLINGING TO TIME. I'M ASKING MYSELF THE SAME QUESTIONS OVER AND OVER AGAIN: IS THIS WHAT LIFE IS LIKE? WHAT HAS LIFE DONE FOR ME LATELY? AND—THE MOST IMPORTANT QUESTION—WHAT AM I DOING FOR LIFE?"

pace as his renown has grown. Mario Luis Kreutzberger Blumenfeld—better known as "Don Francisco"—has received numerous international awards for his ability to stay ahead of the times as well as for his relentless fighting spirit. Despite the fact that he had to help his father out at their clothing factory, with these two traits he was always able to find time to study theater, host a radio show, or volunteer at a local TV station. *Sábado gigante*, now one of the longest running programs in TV history, first aired on August 8th, 1962, and in 1986, the international edition was released. In 2002, he took on the duties of creator, producer, and host of a new program entitled *Don Francisco presenta*, and all that without leaving *Sábado gigante*. His astute vision and advice also helped guide and establish the careers of other big stars; Crisitna Saralegui (*El show de Cristina*), Lilly Estefan (*El gordo y la flaca*), and Jackie Nespral (the first Hispanic woman to host a news program on an English-language network) are just a few of the celebrities who got their start on *Sábado gigante*. And since every other part of his life has been done to the fullest, it should come as no surprise that marriage is no different: he's been married to the same generous, faithful companion (Temmy Muchnick) for over 40 years now. In 1978, he started the Chilean telethon which has raised millions of dollars over the years for everything from natural disaster relief to underprivileged children. It's with good reason that, in November of 2007, the Chilean Senate distinguished him as "the most important man in Chilean television."

■El único chileno en contar con su propia estrella en el Paseo de la Fama de Hollywood es un comunicador incansable, quien a medida que incrementa su trayectoria, redobla su influencia y presencia en los medios de comunicación. Mario Luis Kreutzberger Blumenfeld, más conocido como "Don Francisco", ha recibido numerosos galardones internacionales, los cuales debe a su capacidad de adelantarse a la historia, así como a un indoblegable espíritu de lucha. Estos dos factores hicieron que, aunque tenía que ayudar a su padre en su fábrica de ropa, siempre sacara tiempo para estudiar teatro, conducir un programa de radio o trabajar de voluntario en un canal de televisión. El 8 de agosto de 1962 salió al aire su programa *Sábado gigante* en Chile y en 1986 lo lanzó en su versión internacional. En el 2002 se entregó a la tarea de producir, crear y presentar un

> "EN RESUMEN ESTOY VIVIENDO DE RECUERDOS Y EMPATANDO EL TIEMPO. ME HAGO UNA Y OTRA VEZ LAS MISMAS PREGUNTAS: ¿ASÍ ES LA VIDA? ¿ESTO ES VIDA? ¿QUÉ ME ESTÁ APORTANDO LA VIDA EN ESTE MOMENTO? Y, LO MÁS IMPORTANTE: ¿QUÉ LE ESTOY APORTANDO YO A LA VIDA?".

nuevo programa: *Don Francisco presenta*, y todo sin dejar de conducir *Sábado gigante*. Su aguzada visión también lo ha guiado para impulsar la carrera de otras grandes estrellas: Cristina Saralegui (*El show de Cristina*), Lilly Estefan (*El gordo y la flaca*) y Jackie Nespral (la primera hispana en presentar un programa matutino nacional en una cadena anglo) son sólo algunas de las grandes figuras que dieron sus primeros pasos en *Sábado gigante*. Y como todo en su vida es en dosis enormes, su solidaridad matrimonial también lo es: ya que lleva más de cuatro décadas casado con su fiel compañera, Temmy Muchnick. En 1978 Don Francisco creó en Chile el Teletón, en el que se recaudan cifras millonarias para ayudar a niños minusválidos en ese país. Con merecida razón, en noviembre del 2007 el Senado de su país lo distinguió como el "hombre más importante de la televisión en Chile".

LIBERTAD LAMARQUE

NOVEMBER 24TH 1908 – DECEMBER 12TH 2000 • 24 DE NOVIEMBRE, 1908 – 12 DE DICIEMBRE, 2000

■Known as "The Bride of the Americas" and "The Grand Dame of Tango," actress and singer Libertad Lamarque Bouza has become an established artistic legend: she recorded more than 800 songs, appeared in 65 films, participated in over 60 theatrical productions, as well as innumerable radio shows, musical comedies, telenovelas, and international tours. She was born on November 24th, 1908, in Rosario, a city in Argentina's Santa Fe province. She made her theatrical debut at the age of 8, at Buenos Aires' Teatro Nacional. Her talent was so radiant that she was mobbed during a tour at the age of 15, and at 18 she recorded her first tango album. Her big screen debut occurred in 1930 with *Adiós Argentina*, her only foray into silent films, since her 1933 follow-up, *Tango*, was the first Argentine film with sound. She was married to Emilio Romero, with whom she had her only child, her daughter Mirtha Libertad. The marriage didn't last, though, and before long she had fallen

"THE PUBLIC HAS LENGTHENED MY LIFE. FOR THAT, I AM GRATEFUL, AND I ASK ONLY THAT YOU HOLD ME TIGHT AND NEVER LET ME GO."

in love with the pianist Alfredo Malerba. They married, and remained together until his death in 1994. One of the defining chapters in her life was the filming of the movie *La cabalgata de circo* (*The Circus Cavalcade*, 1942) in which she shared the billing with Eva Duarte (the future Eva Perón), with whom she had a bad argument, which is rumored to have led to her to leave Argentina in the late forties for Mexico, which she considered her second homeland. After a half-century of living in the former land of the Aztecs, she moved again, this time to Miami, though she never forgot her country of birth. During her final visit to Argentina, she said, "When I come here, I begin to remember. I remember strange things, like the smell of the railroad, which I rode all over this country. A strange memory…and it sounds a bit odd, no? Strange because memories can also fade away into the distance, but I prefer to remember." She died in Mexico City on December 12th, 2000, at the age of 92, from pulmonary complications, and her ashes were scattered off the coast of Miami.

■Conocida como "La novia de América" o "La dama del tango", la actriz y cantante Libertad Lamarque Bouza cosechó en vida un sólido legado artístico: grabó más de 800 canciones y 65 películas de cine, y participó en más de 60 obras de teatro e innumerables programas radiales,

"EL PÚBLICO ME HA ESTIRADO LA VIDA. SE LO AGRADEZCO Y SÓLO LE PIDO QUE ME APRISIONE Y NO ME SUELTE".

comedias musicales, telenovelas y giras internacionales. Nació el 24 de noviembre de 1908 en la ciudad de Rosario, provincia de Santa Fe, en Argentina. Su debut teatral fue a la edad de 8 años, en el Teatro Nacional de Buenos Aires. Su talento era tan arrollador que los 15 años la pillaron en medio de una gira y a los 18 grabó su primer álbum de tangos. Debutó en la pantalla grande en 1930 con *Adiós Argentina*, su única intervención en el cine mudo, pues en 1933 encabezó *Tango*, la primera película argentina con sonido. Estuvo casada con Emilio Romero, con quien tuvo a su única hija, Mirtha Libertad, pero el romance duró muy poco y pronto Libertad se enamoró del pianista Alfredo Malerba, con quien permaneció casada hasta 1994, año en el que él falleció. Se dice que uno de los capítulos que marcó definitivamente el rumbo de su vida fue la filmación de la película *La cabalgata de circo*, en donde compartió créditos junto a Eva Duarte (la futura Eva Perón) y con quien tuvo un fuerte disgusto, el cual se dice llevó a su destierro. Libertad dejó su país a finales de los años cuarenta y se radicó en México, país que consideró su segunda patria. Tras 50 años de residir en el país azteca, cambió su residencia a la ciudad de Miami, aunque nunca olvidó su tierra natal. En su último viaje a Argentina, dijo: "Cuando llego aquí, empiezo a recordar. Extraño cosas como el olor especial del ferrocarril, con el que anduve por todo el país. Extraño el recuerdo. Es un poco raro lo que digo, ¿no? Extraño el recuerdo, porque los recuerdos también se van perdiendo y a mí me gusta recordar". Falleció en México D.F. el 12 de diciembre del 2000 a la edad de 92 años por complicaciones pulmonares, y sus cenizas fueron esparcidas en las costas de Miami.

FERNANDO LAMAS

JANUARY 9TH 1915 – OCTOBER 8TH 1982 • 9 DE ENERO, 1915 – 8 DE OCTUBRE, 1982

■With his athletic physique, his baritone voice, and his unquestionable charisma, Fernando Lamas earned his fame as Hollywood's benchmark Latin lover. Born in Buenos Aires in 1915, he had already become an iconic figure in that country by his 25th birthday. Among the films with which he first won the public's attention were *The Poor People's Christmas*, *The Story of a Bad Woman*, and *Evasion*. His obvious talents attracted the attention of Hollywood, and soon he had been offered a contract by Metro Goldwyn

"IT IS BETTER TO LOOK GOOD THAN TO FEEL GOOD."

Mayer. In the early fifties, he made history as one of the few Latin American actors to appear with the cream of the U.S. film industry's crop in films such as *The Law and the Lady* (with Greer Garson and Michael Wilding), *Sangaree* (with Arlene Dahl and Patricia Medina), and *Jivaro* (with Rhonda Fleming and Rose Marie), among many others. For some time, he retired from acting in order to produce and direct two independent films, *Magic Fountain* (which starred Esther Williams) and *The Violent Ones*. After that, in the late seventies and early eighties, he appeared on such television shows as *Charlie's Angels*, *Police Woman*, and *The Love Boat*. His suave performances manifested themselves in his personal life as well, as he was married four times: to Perla Mux, Lydia Barachi, Arlene Dahl (with whom he had a son, Lorenzo Lamas, now famous for his role in the cult hit series *Falcon Crest*), and the exuberant Esther Williams. On October 8th, 1982, he succumbed to pancreatic cancer in Los Angeles at the age of 67.

■Con su físico de atleta, su voz de barítono e indiscutible carisma, Fernando Lamas se ganó la fama de *latin lover* en Hollywood. Nació en Buenos Aires el 9 de enero de 1915

"ES MEJOR VERSE BIEN, QUE SENTIRSE BIEN".

y a los 25 años ya era toda una figura en su país. Algunas de las películas con las que conquistó al público fueron *The Poor People's Christmas*, *Evasion* y *The Story of a Bad Woman*. Su talento llamó la atención de los productores de Hollywood, quienes enseguida le ofrecieron un contrato con la poderosa Metro Goldwyn Mayer. A principios de la década de los cincuenta, hacía historia como uno de los pocos latinoamericanos en figurar en importantes películas con la crema y nata del cine: *The Law and the Lady*, junto a Greer Garson y Michael Wilding; *Sangaree*, con Arlene Dahl y Patricia Medina; *Jivaro*, con la bella Rhonda Fleming; y la comedia musical *Rose Marie*, entre muchas más. Por algún tiempo se retiró de las cámaras para dirigir y realizó dos películas independientes, *Magic Fountain*, protagonizada por Esther Williams y *The Violent Ones*. Después, a finales de los años setenta e inicios de los ochenta, hizo apariciones en las principales series de televisión, como *Charlie's Angels, Police Woman* y *The Love Boat*. Su fama de galán trascendió la pantalla y en la vida real se llegó a casar cuatro veces, con Pearla Mux, Lydia Barachi, Arlene Dahl (con quien tuvo un hijo, Lorenzo Lamas, famoso por su participación en la serie *Falcon Crest*) y la exuberante Esther Williams. El 8 de octubre de 1982 falleció víctima de un cáncer del páncreas en Los Ángeles, a los 67 años.

MIRTHA LEGRAND

FEBRUARY 23RD 1927 • 23 DE FEBRERO, 1927

■ This Argentine television diva began her ascent to fame at a very young age: at 12, she had her first small film roles, and by 14 she was already starring in her first film, *Los martes, orquídeas*. In 1941, Rosa María Juana Martínez—better known as Mirtha Legrand—signed on as the first actor to join the company run by her sister, María Aurelia, also known as Silvia Legrand. Together, they began working on a popular radio program. One of Mirtha's films which became a landmark of Argentine cinema was *Safo*, the first film that minors were prohibited from viewing. Also well known from a young age was her great love, the French film star Daniel Tinayre, whom she married on May 18th,

"IMPOSSIBLE THINGS CAN STILL BE DONE."

1946. She was 19 years old to his 36, and they remained together until his death in 1994. Later she would say that, as a 67-year-old widow, she came to know solitude for the first time in her life. Besides the dozens of films in which she acted, this versatile star became an icon of Argentine television in 1968, when she appeared in her own show, *Almorzando con las estrellas*. On this show, Mirtha would have lunch with assorted faces in show business, and later politicians began appearing on the air as well. The show became so famous and captivated such a broad audience that it's name was changed to *Almorzando con Mirtha Legrand*. In 2007, when the show was one year away from celebrating the show's 40th anniversary, the Argentine Vice President gave her the well-deserved tribute of an Honor Domingo Faustino Sarmiento, which had previously been awarded to such stars as Diego Armando Maradona, Sandro, and Gabriel Batistuta. At the presentation of the award, Legrand announced that she was not yet ready to retire, setting an example to all her elated fans not only of how to live, but how to triumph.

■ Esta gran diva de la televisión argentina comenzó su ascenso a la fama desde muy joven: a los 12 años tuvo sus primeros pequeños papeles en varios filmes argentinos y, a los 14 ya protagonizaba su primera película, *Los martes, orquídeas*. En 1941, Rosa María Juana Martínez, conocida como Mirtha Legrand, se consagró como primerísima actriz

"LO QUE NO SE PUEDE, PUEDE LLEGAR A SER".

en compañía de su hermana, María Aurelia (conocida como Silvia Legrand). Juntas también comenzaron un popular programa radial. Uno de los filmes con los que marcó un hito en el cine argentino fue *Safo*, la primera película prohibida para menores en el cine de ese país. También muy joven conoció a su gran amor, el cineasta francés Daniel Tinayre, con quien se casó el 18 de mayo de 1946. Ella tenía 19 años y el 36, y estuvieron juntos hasta que él murió en 1994. Después diría que al enviudar a los 67 años conoció la soledad por primera vez. Además de sus varias docenas de películas, esta versátil estrella se convirtió en un ícono de la televisión de su país desde 1968, cuando condujo su propio programa: *Almorzando con las estrellas*. En este programa, Mirtha compartía un almuerzo con varias personalidades de la farándula y con el tiempo también invitó a figuras de la política. El show fue cobrando tanta fama y tanta audiencia, que se convirtió en *Almorzando con Mirtha Legrand*. En el 2007, cuando el programa estaba a un año de cumplir su 40 aniversario, el vicepresidente de la República de Argentina le entregó en un merecido homenaje la Mención de Honor Domingo Faustino Sarmiento, honor que han recibido figuras de la talla de Diego Armando Maradona, Sandro y Gabriel Batistuta. A la sazón de este homenaje, la Legrand manifestó que aún no pensaba retirarse, aduciendo a esas ganas abundantes y maravillosas con las que ha sabido vivir la vida y triunfar en ella.

ISRAEL
LÓPEZ
"CACHAO"

SEPTEMBER 14TH 1918–MARCH 22ND 2008 · 14 DE SEPTIEMBRE, 1918–22 DE MARZO, 2008

■ Along with his brother Orestes, he is considered to be the creator of the mambo, which by itself would be enough to warrant a full-length biography. Of course, there's much more to him than that: he's played in some 250 orchestras, appeared with some of the greatest musicians of the day,

"NO MATTER WHAT HAPPENS, YOU HAVE TO LAUGH AND LIVE WITHOUT WORRIES."

and written over 2,000 songs. Born on September 14th, 1918, in a home formerly owned by José Martí, he was instantly surrounded by a musical tradition: his father and uncle had been musicians, as had his two siblings, Orestes and Coralia. He began studying percussion at age 8, and eventually picked up the trumpet as well. And he was one of the youngest people ever to have played with the Orquesta Filarmónica de Cuba when he appeared with them at the age of 12. Starting in 1937, he joined up with Arcaño y sus Maravillas, a group which became known for the discipline of its members. He remained with the group for over a decade, and it was during that time when he created a rhythm so up-tempo that people couldn't dance to it. It was by reducing the speed that the now-famous mambo was born. Ten years later, Dámaso Pérez Prado brought this rhythm to the attention of the world. In 1957 he became the bandleader of a group who performed in the "descargas cubanas" style, which was similar to improvisational jazz sessions. In the early sixties he immigrated to Spain, and from there, to the United States. Perhaps owing in part to his ever-present sense of modesty, he lived in relative obscurity until 1994, when the actor Andy García produced the documentary *Cachao: Como su ritmo no hay dos* which brought him the recognition he so richly deserved. That same year, he performed to sell-out crowds at Radio City Music Hall, and won his first Grammy for his record *Master Sessions Volume I*. In September 2007, a tribute show was held at Miami's Carnaval Center of the Performing Arts. A number of musical stars performed with him, playing some of his most famous pieces and celebrating being able to listen to them in his company, still alive and well. Cachao passed away on March 22nd, 2008, in Miami at the age of 89.

■ Se le considera el creador del mambo, junto a su hermano Orestes, mérito que es suficiente como para escribir un libro sobre él. Aunque tiene muchos más: ha tocado en unas 250 orquestas junto a los más grandes músicos de su época y ha compuesto más de 2,000 canciones. Nació en Cuba el 14 de septiembre de 1918 en la casa que fuera del poeta José Martí, en una familia de tradición musical: su abuelo y su padre habían sido músicos, así como dos de sus hermanos, Orestes y Coralia. Tenía 8 años cuando empezó a estudiar percusión, el tres cubano y hasta trompeta. Seguramente

"PASE LO QUE PASE HAY QUE REÍR Y VIVIR SIN PREOCUPACIONES".

fue uno de los integrantes más jóvenes de la Orquesta Filarmónica de Cuba ya que tenía apenas 12 años cuando se unió a ella. Desde 1937, y por más de una década, tocó junto a Arcaño y sus Maravillas, agrupación que cobró fama por la disciplina que tenían sus integrantes. Fue durante esos años que crearon un ritmo tan rápido que el público no podía bailar; al reducirle la velocidad, surgió el mambo danzón. Diez años más tarde, Dámaso Pérez Prado le reveló al mundo este nuevo ritmo que se llegó a conocer simplemente como mambo. Ya que crear era lo suyo, en 1957 Cachao se convirtió en uno de los líderes de lo que se denominó "descargas cubanas", un equivalente a los *jam sessions* en el mundo del jazz. A principios de los años sesenta se exilió en España y después se mudó a Estados Unidos. Quizás por su eterna modestia, su figura estuvo relegada en el olvido por muchísimo tiempo, hasta que el actor cubano Andy García produjo en 1994 el documental *Cachao: Como su ritmo no hay dos*, que ayudó a darle el reconocimiento que tanto merece. Ese mismo año se presentó en el Radio City Music Hall de Nueva York a un lleno absoluto, y recibió su primer Grammy por su disco *Master Sessions Volume I*. En septiembre del 2007 se le rindió un homenaje en el Carnaval Center of the Performing Arts en Miami. Grandes estrellas de la música tocaron con él algunas de sus mejores creaciones y celebraron en su compañía el regalo de poder escucharlo todavía tan lleno de vida y música como en su primer día. Cachao falleció el 22 de marzo del 2008 en Miami, debido a una enfermedad renal, a los 89 años.

JENNIFER LÓPEZ

JULY 24TH 1970 • 24 DE JULIO, 1970

■At 20, she was a dancer on the popular television series *In Living Color*, and in 1995—though she had already appeared in a number of small film roles—she had critics eating out of the palm of her hand thanks to her performance in the film *My Family*. Two years later, she received even greater accolades for bringing the recently deceased singer Selena back to life on the big screen. It garnered her a Golden Globe nomination, and soon after she was the highest-paid Latina actress at the time. Whether she was looking to do it or not, she made the words "to make" and "to earn" nearly synonymous: besides blockbuster films like *The Wedding*

"I DIDN'T JUST FALL INTO ACTING. I STUDIED IT, I PREPARED MYSELF FOR IT MY WHOLE LIFE."

Planner, *Anaconda*, and *Enough*, hit songs like *If You Had My Love* and *Waiting for Tonight*, Jennifer Lopez is a successful businesswoman who has opened her own restaurant, her own line of clothing, and even her own perfume. And her love life has been no less intense. Besides having romantic relations with Sean Combs and Ben Affleck, J. Lo has been married three times, to Ojani Noa, Cris Judd, and currently to Marc Anthony. And one of the most significant aspects of her life is that—despite having been born in the Bronx, New York, the actress, businesswoman, singer, and producer has never forgotten her Hispanic roots. That helps explain the fact that while she was filming *Shall We Dance?* with Susan Sarandon and Richard Gere, she was also producing a series called *Como ama una mujer* for Spanish television. Just think what would have happened if she followed her parents' advice on choosing a career! Perhaps she put it best: "My parents wanted me to be a lawyer. But I don't think I would have been very happy. I'd be singing in front of the jury." Jennifer and husband Marc Anthony welcomed twins Max and Emme into the world on February 22nd, 2008.

■A los 20 años ganó un concurso que la llevó a bailar en la serie televisiva *In Living Color* y, aunque tuvo pequeñas participaciones en varias películas, en 1995 se echó a la crítica en el bolsillo con su participación en la película *My Family*. Dos años después vino su espaldarazo final debido

"YO NO CAÍ DE SORPRESA EN EL MUNDO DE LA ACTUACIÓN, SINO QUE ESTUDIÉ Y ME PREPARÉ PARA ESO TODA LA VIDA".

a la pasión con la que pudo encarnar a la recién fallecida Selena en la película sobre su vida. Enseguida recibió una nominación a los premios Golden Globe y de paso se convirtió en la actriz hispana mejor pagada del momento. Buscándolo o no, lo cierto es que en su vida, ganar y crear han sido casi sinónimos: además de exitosas películas como *The Wedding Planner, Anaconda e Enough*; éxitos discográficos como *If You Had My Love, Waiting for Tonight*, Jennifer López es una exitosa empresaria que ha abierto su propio restaurante y lanzó una línea de ropa al igual que su propio perfume. Con esa intensidad ha vivido también el amor. Además de sus noviazgos con Sean Combs y Ben Affleck, J. Lo se ha casado tres veces, con Ojani Noa, Cris Judd y Marc Anthony. Uno de los rasgos más plausibles de su vida es que a pesar de haber nacido en Nueva York, esta actriz, empresaria, cantante y productora jamás olvida sus raíces hispanas. De allí que en los años más recientes de su carrera lo mismo protagonice con Susan Sarandon y Richard Gere la película *Shall We Dance?* que acepte producir una serie (*Como ama una mujer*) para la televisión hispana. ¡Y pensar que sus padres querían que encausara su vida por otros rumbos! O tal como ella dijera: "Mis padres querían que fuera abogada. Pero creo que no hubiera sido muy feliz. ¡Estaría enfrente del jurado cantando!". El 22 de febrero del 2008 Jennifer y su esposo Marc Anthony tuvieron sus primeros hijos, los mellizos Max y Emme.

MARGA LÓPEZ

JUNE 21ST 1924 – JULY 4TH 2005 • 21 DE JUNIO, 1924 – 4 DE JULIO, 2005

■More than just an actress, she was an essential part of the whole Latin American film industry, and although she had the talent to get any role she wanted, she made her mark as a loving, suffering wife in addition to being the self-effacing mother of Mexican film. Catalina Margarita López Ramos was born in Argentina and arrived in Mexico when she was still a young girl. Her career as an actress began in 1945 when she made her debut alongside Germán Valdés "Tin Tan" in *El hijo desobediente*. After that, she had successful appearances opposite Pedro Infante in films like *Los tres García* and *Vuelven los García*. In all, she made six movies with Infante, and 13 with Arturo de Córdova, with whom she had a torrid romance lasting nine years. And although

"FOR ME, THE MOST IMPORTANT THING IN MY LIFE HAS BEEN FAMILY. MY CAREER HAS ALWAYS TAKEN SECOND PLACE."

she was twice married to Carlos Amador, at some moment in her life she realized that her one true love was Córdova, and she remained with him until the day of his death. Her acting talents garnered her four Ariel prizes in Mexico, and she became a naturalized citizen there in 1955. Although she occasionally played prostitutes—for example, in the highly acclaimed film *Salón México* by Emilio 'Indio' Fernández, and in Luis Buñuel's production of *Nazarín*—she has also brought more tears to the eyes of audience members through her suffering on screen. In the later stages of her career, she focused on telenovelas, the last one being *Bajo la misma piel* in 2003.

■Más que una actriz fue toda una institución del espectáculo latinoamericano y, aunque siempre demostró que era capaz de representar cualquier papel, plasmó su huella como la esposa amorosa y sufrida, y la madre

"LO MÁS IMPORTANTE PARA MÍ ES LA FAMILIA, SIEMPRE EN PRIMER LUGAR. EN SEGUNDO ESTÁ MI CARRERA".

abnegada del cine hispano. Catalina Margarita López Ramos nació en Argentina y llegó a México cuando aún era niña. Su carrera como actriz comenzó en 1945 cuando debutó al lado de Germán Valdés "Tin Tan" en la cinta *El hijo desobediente*. Después vinieron sus exitosas películas junto a Pedro Infante, *Los tres García* y *Vuelven los García*. En total hizo seis películas junto a Pedro Infante y 13 con Arturo de Córdova, con quien vivió un tórrido romance que duró nueve años. Y aunque se casó dos veces con Carlos Amador, en algún momento reconoció que el gran amor de su vida había sido Córdova, con quien permaneció hasta que él falleció. Su capacidad histriónica la llevó a ganar cuatro premios Ariel en México, país en el cual se nacionalizó en 1955. Aunque personificó a prostitutas, como en la aclamada *Salón México* de Emilio *Indio* Fernández y actuó bajo la dirección de Luis Buñuel en *Nazarín*, es una de las actrices que más ha hecho llorar al público con su convincente sufrimiento de celuloide. En la última etapa de su carrera se concentró en actuar en telenovelas, siendo la última *Bajo la misma piel* en el 2003.

LUCERO

■Lucero Hogaza León began her career at the age of 10, participating in children's television programs like *Alegrías de mediodía* and *Chiquilladas*, including a memorable Popeye skit where she played the part of Olive Oyl. Her natural talent for acting led to her first big break, on the 1983 telenovela *Chispita*, and later to films in which she stole the hearts of both Pedrito Fernández and Luis Miguel before meeting Manuel Mijares, whom she married in a 1997 ceremony broadcast live on television. She's been a TV favorite throughout her career, thanks to the success of shows like *Los parientes pobres*, *Lazos de amor*, *Mi destino eres tú*, and *Alborada*, which brought tears and laughter to

"I'VE RUN OUT OF PATIENCE. ALL YOU (JOURNALISTS) WANT IS DRIVE ARTISTS CRAZY."

her fans, as well as awards to herself. Abandoned by her father, Lucero's successful career has been managed by her mother, Lucero León. Besides acting, her discography includes a dozen or so pop and ranchero albums, and Lucero assures us that she will not stop recording with mariachi musicians, being quite proud to be Mexican. As she's said, "I feel quite comfortable dressing up like a *charra* (cowgirl)." Although her albums haven't been quite as successful as some of her fellow *mexicanas*, Lucero has continued to shine in international events like the Teletón de México, which benefits disabled children, and in recent years has been called upon to host the Latin Grammy awards.

■Lucero Hogaza León inició su carrera a los 10 años con participaciones en cuadros infantiles de programas como *Alegrías de mediodía y Chiquilladas* en la televisión de su país, en los cuales se hizo famosa imitando a estrellas de la época y a Oliva, la novia de Popeye. La naturalidad con la que actuaba le permitió su primer triunfo en la telenovela *Chispita* en 1983, a la que siguieron películas en las que la entonces Lucerito robaba el corazón lo mismo de Pedrito

"ME HAN COLMADO LA PACIENCIA. USTEDES (LOS PERIODISTAS) LO ÚNICO QUE QUIEREN ES SACAR DE QUICIO A LOS ARTISTAS".

Fernández que de Luis Miguel, o el cantante de moda, Manuel Mijares, con quien se casó en 1997 en una boda que fue transmitida por televisión. Ha sido una de las favoritas de las telenovelas gracias a éxitos como *Los parientes pobres*, *Lazos de amor*, *Mi destino eres tú* y *Alborada*, con los que ha hecho llorar y soñar a sus admiradores, además de acumular premios. Huérfana de padre, debe su éxito a su madre, quien ha cuidado siempre su carrera. Con una discografía que incluye una docena de álbumes pop y de rancheras, la artista asegura que no piensa dejar de grabar música con mariachis, pues se siente muy feliz de ser mexicana, a la vez que asegura: "Vestirme de charra hasta me hace sentir más cómoda". Aunque con sus discos ha tenido un éxito menos estruendoso que algunas de sus paisanas contemporáneas, Lucero ha seguido brillando en eventos internacionales como el Teletón de México a beneficio de niños discapacitados, y en los últimos años ha sido llamada para conducir la entrega de los premios Grammy Latino.

LUIS MIGUEL

APRIL 19TH 1970 · 19 DE ABRIL, 1970

■Without a doubt, he is one of the greatest singer/songwriters ever to come out of Latin America, even being commonly referred to as "el Sol de México." His full name is Luis Miguel Gallego Basteri, and he was born in San Juan, Puerto Rico, but he moved to Mexico at a very young age. He was barely 12 when he recorded his first song, at 15 he had won his first Grammy, and by 26 he had a star on the

"TO REACH THE TOP YOU HAVE TO DO THINGS, NOT LOOK FOR EXCUSES."

Hollywood Walk of Fame. After the success of his first few albums, he was invited to appear on the big screen, and he made a number of children's films. But singing was his specialty, and during the eighties he solidified his status as one of the most successful performers in all the Americas. Among his best selling albums are *Soy como quiero ser*, *Un hombre busca una mujer*, and *20 años*. At one point he tried breaking in to the English-language market, and he even recorded a duet with Sheena Easton to help make that happen, but unfortunately it never materialized. In the early nineties, he recorded his first compilation of classic boleros, titled *Romance*, which was later followed by volumes II, III, and IV. By the end of the decade, his army of fans had reached the shores of Europe. His artistic fame was rivaled by his playboy status, and the media closely followed his romantic liaisons with Stephanie Salas, Daisy Fuentes, Mariah Carey, the journalist Myrka Dellanos, and most recently with the actress Aracely Arámbula, with whom he had his second child in 2006. Despite all this, "El Sol" has been able to find an emotional balance. Besides his romances and his 50 million albums sold, the singer has cultivated a slippery relationship with the press, engaging in scuffles with paparazzi and surrounding himself with a large contingent of bodyguards. The mystery with which he's surrounded his life, though, has only served to make this living legend even more enigmatic.

■Sin duda uno de los mejores baladistas que ha escuchado América Latina, al punto que se le ha llamado "El Sol de México". Su nombre verdadero es Luis Miguel Gallego Basteri y nació en San Juan, Puerto Rico, pero desde muy pequeño fue criado en México. Tenía apenas 12 años cuando grabó su primer disco a los 15 recibió su primer Grammy y a los 26 ya tenía su propia estrella en el Paseo de la Fama de Hollywood. Cuando saboreó el éxito de sus primeros discos, se le invitó a debutar en la pantalla grande y filmó varias películas juveniles. Pero lo suyo era cantar y en los años ochenta se consolidó como uno de los mejores intérpretes de todo el continente americano. Entre algunos de sus discos más exitosos están: *Soy como quiero ser*, *Un hombre busca una mujer* y *20 años*. En algún momento trató de acercarse

"PARA LLEGAR A LO MÁS ALTO HAY QUE HACER COSAS Y NO BUSCAR EXCUSAS".

al mercado anglo e incluso hizo un dueto con Sheena Easton para preparar ese camino, pero no se concretó. A principios de los años noventa, el cantante grabó su primera recopilación de boleros en un álbum llamado *Romance*, del cual después haría una segunda, tercera y cuarta parte. A finales de esta década siguió siendo uno de los preferidos de millones de fans, que ya para entonces se habían extendido hasta España. A su fama artística se suma su fama de playboy y la prensa ha seguido de cerca sus romances con la cantante Stephanie Salas, la modelo Daisy Fuentes, la cantante Mariah Carey, la periodista Myrka Dellanos y más recientemente con la actriz Aracely Arámbula, con quien tuvo en el 2006 su segundo hijo. A partir de esta relación, se dice, el Sol ha encontrado un balance emocional. Aparte de sus romances y sus 50 millones de discos vendidos, el cantante ha cultivado una reputación de escurridizo con la prensa, al punto de protagonizar uno que otro encuentro con algún fotógrafo, además de ser uno de los artistas mejor custodiado por sus guardaespaldas. El misterio con el que ha rodeado su vida personal ha hecho que se llegue a decir que más que una leyenda es un enigma viviente.

ARMANDO MANZANERO

DECEMBER 7TH 1935 • 7 DE DICIEMBRE, 1935

■If there ever was a man whose music was a part of so many loving couples' most romantic moments, surely that man is Armando Manzanero. This Mexican musician and composer has written dozens of classic romantic ballads and boleros. Born in the Yucatán city of Mérida on December 7th, 1935, and it wasn't long after that when he started learning to play the guitar. He began his formal study of music at the age of only 8, when he enrolled at the Mérida School of Fine Arts. Later, he would complete his formal training in Mexico City. In 1950, he composed his first piece, *Nunca en el mundo*, and it was around that same time that he was playing piano in nightclubs all around the city for such great artists as Pedro Vargas, Carmela and Rafael, and Daniel Riolobos. Soon, he would have his first hit, *Llorando estoy*, which was recorded by the unforgettable Bobby Capó. With that, word began getting out, and in 1958, Lucho Gatica recorded *Voy a apagar la luz*. One year after that, the Brazilian group Trio Esperança was among the acts begging to perform his music. In the sixties, Armando was everywhere; he was even beginning to score films for Angélica María, and he produced several records. From that point on, and for half a century now, he has appeared on the world's most famous stages, and his catalog of over 400 songs is renowned worldwide, and many of them are

"LOVE IS THE REASON WE ARE IN THIS WORLD."

considered by many lovers to have become true hymns. It's even rumored that Gabriel García Márquez himself once said that he would give all of his own work in order to be able to write one of Armando's songs. Truly in love with love, he has been married three times, most recently in 2000, when he was 65 years old, though he would file for divorce in late 2005. For the past eleven years, Manzanero has been the vice president of SACM, the Society of Mexican Musical Composers, and to this day his music continues to be performed by the great musical icon coming after him, such as Alejandro Fernández and Luis Miguel.

■Si hay alguien a quien las parejas de enamorados le deben algunos de los momentos más románticos de su vida, seguramente es al maestro Armando Manzanero. Músico, arreglista y compositor mexicano, ha escrito una buena variedad de baladas y boleros clásicos del romanticismo. Nació en Mérida, Yucatán, el 7 de diciembre de 1935 y fue bautizado con el nombre de Armando Manzanero Canché. Desde niño aprendió a tocar la guitarra y para cuando tenía 8 años empezó sus estudios formales de música en la escuela de Bellas Artes de Mérida. Después completaría su

"EL AMOR ES LA RAZÓN DE QUE ESTEMOS EN ESTE MUNDO".

formación musical en Ciudad de México. En 1950 compuso su primer tema, "Nunca en el mundo", justo cuando trabajaba como pianista en diferentes centros nocturnos de la capital mexicana y acompañaba a grandes intérpretes de aquella época como Pedro Vargas, Carmela y Rafael, y Daniel Riolobos. Pronto vino su primer éxito, "Llorando estoy", que fuera grabado por el inolvidable Bobby Capó. Entonces se corrió la voz de que había un nuevo poeta de la canción y en 1958 Lucho Gatica enseguida le grabó "Voy a apagar la luz". Un año después, el Trío Esperança en Brasil se sumó a los artistas que pedían una de sus canciones. Para la década de los sesenta, Armando ya estaba en todas partes, incluso empezó a musicalizar algunas películas de Angélica María y de paso le produjo varios discos. Desde entonces, y por medio siglo, se ha presentado en los escenarios más prestigiosos a nivel mundial, todo a la vez que va nutriendo su catálogo, al punto de rebasar las 400 canciones, de las cuales 50 han dado la vuelta al mundo y se han convertido en verdaderos himnos de los enamorados. Hasta se dice que el propio Gabriel García Márquez alguna vez dijo que cambiaría toda su obra por escribir una canción como las de él. Eterno enamorado del amor, ha estado casado tres veces. La más reciente fue en el 2000 cuando tenía 65 años, aunque a finales del 2005 él mismo interpuso la demanda de divorcio. Desde hace once años Manzanero ha sido el vicepresidente de la Sociedad de Autores y Compositores de Música de México (SACM) y sigue adornando con sus majestuosas composiciones las carreras de otros grandes ídolos que vinieron después de él, como Alejandro Fernández y Luis Miguel.

GLORIA MARÍN

APRIL 19TH 1919–APRIL 13TH 1983 • 19 DE ABRIL, 1919–13 DE ABRIL, 1983

■Gloria Ramos Luna was the daughter of the stage actress María Laura Ramos Luna and the businessman Pedro Armendáriz, who finally recognized her as his daughter when she was 16. That may have helped to hone her personality and define her avant-garde tendencies and her liberal attitude. Twice divorced, she took her mother's name, and did the same with her adopted daughter. "La Marín" is considered a legend of Mexican show business because she was successful in both theater and film for over four decades, when she made a switch to television during its early days. She was part of the golden age of Mexican cinema, and she appeared alongside Mario Moreno "Cantinflas" and particularly Jorge Negrete, in the films *Ay Jalisco, no te rajes* and *Historia de un gran amor*, which have become shining gems in the crown of Hispanic cinema. She

"IT'S A GOOD THING JORGE NEGRETE MESSED UP MY HAIR, BECAUSE IT LOOKED JUST AWFUL."

was barely a teenager when she married Arturo Vargas in 1935, and she divorced him shortly thereafter, which was fairly unusual at the time. In the late fifties, she married again, this time for a couple of years with the film star Abel Salazar. But Gloria Marín is most famous for the romantic relationship she had with Jorge Negrete during the forties. Marín and Negrete met during the filming of *Ay Jalisco*, and one day Negrete showed up late to the set, but instead of apologizing, he messed up his co-star's hair, saying, "you're too pretty to wear your hair like this." She stormed out and took her things but she would later admit, "It's a good thing he messed up my hair, because because it looked just awful." Shortly thereafter they filmed *Seda, sangre y sol* together, a film which Marín considered "stunningly" bad, though Negrete made a rare, clean-shaven appearance, revealing what Gloria said was his "baby face." After living together for ten full years, Marín left Negrete, who would go on to marry María Félix before passing away just one year later.

■Gloria Ramos Luna fue hija de una artista de teatro y de un industrial, tío de Pedro Armendáriz, quien la reconoció legalmente cuando tenía 16 años. Quizá esa circunstancia marcó su fuerte personalidad y definió sus rasgos vanguardistas y su actitud liberal. Doblemente divorciada, usó los apellidos de su madre e hizo lo mismo con su hija

"QUÉ BUENO QUE (JORGE NEGRETE) ME DESHIZO EL COPETE PORQUE ESTABA HORROROSO".

adoptiva. La Marín es considerada una de las leyendas del espectáculo mexicano, pues participó exitosamente durante más de cuatro décadas en teatro y cine, desde donde brincó a la incipiente televisión de su país. Fue parte de la época de oro del cine mexicano y actuó junto a Mario Moreno "Cantinflas" y Jorge Negrete, con quien hizo *Ay Jalisco, no te rajes* e *Historia de un gran amor*, dos de las mayores joyas de la cinematografía latina. Era apenas adolescente cuando en 1935 se casó con Arturo Vargas, de quien se divorció poco después, algo inusual para la época. A fines de los años cincuenta estuvo casada un par de años con el también astro cinematográfico Abel Salazar. Sin embargo, Gloria Marín pasó a la historia como parte de la pareja romántica que formó con Jorge Negrete en la década de los años cuarenta. Marín y Negrete se conocieron al empezar a filmar *Ay, Jalisco*, cuando un día Negrete llegó tarde a la filmación y en lugar de disculparse, con su mano deshizo la parte frontal del peinado de rizos de la actriz. "Está usted muy chula para que le hagan ese peinado", le dijo. Aunque la Marín tomó sus cosas y se marchó a casa, luego agradecería el gesto. "Qué bueno que me deshizo el copete porque estaba horroroso". Poco después filmó, también con Negrete, la cinta *Seda, sangre y sol*, que si bien Marín consideró mala, sin embargo tenía la particularidad de que su coprotagonista "tenía cara de niño" ya que aparecía sin bigote. Después de vivir juntos una década, Marín rompió con Negrete y éste se casó con María Félix, con quien sólo vivió un año ya que murió al siguiente.

MARISOL

FEBRUARY 4TH 1948 • 4 DE FEBRERO, 1948

■Josefa "Pepa" Flores was a precocious young woman who managed to captivate the entire world from her native Spain during the seventies. Her first on-screen appearance was in a film titled *Un rayo de luz*, and from that moment on, the world forgot all about her given name, instead referring to

"IN ALL ASPECTS OF LIFE, YOU ARE OR YOU ARE NOT."

her simply as Marisol. It sparked her rise to the top of the musical world, along with her appearances with some of the top artists of the day, such as Palito Ortega and Los Brincos. She recorded some 500 songs, not just in Spanish but also in Italian, Portuguese, French, English, German and even Japanese. In 1969 she married Carlos Goyanes, but they would divorce only three years later. During that time, she released three movies that failed to meet expectations. In 1982, she married again, this time to the dancer Antonio Gades. When they separated four years later, she suffered one of the most humiliating episodes in her career: not only did Gades marry a Swiss multimillionaire, but rumors were also flying that one of her closest companions sold the exclusive rights to the wedding for millions of dollars. All this likely led to the fact that her 1983 album, *Pepa Flores*, was her last. From that point on, Pepa seemed to slowly bury Marisol: not only did she retire from the world of show business, but she also refused to give interviews to the press and generally withdrew from the public's eye. She has said she prefers to focus on her positive experiences: "I only remember the good things about my past. In time, you can learn to do that. As the years go by, you don't have to renounce anything. You can cast off the unimportant things. I guess that's what it means to move on. To focus on the important things."

■De ingenio precoz, Josefa "Pepa" Flores, conocida como Marisol, fue una de las niñas prodigio que cautivó al mundo desde su España natal en la década de los sesenta. Su primer papel en el cine llegó bajo el nombre de *Un rayo de luz*. Desde entonces el mundo se olvidó de su nombre de pila y comenzó a llamarla simplemente Marisol. Simultáneamente llegó la oportunidad de desarrollar su carrera musical, que se mantenía en la cima gracias a que interpretaba temas de los más grandes de la época: Palito Ortega y Los Brincos. Grabó unas 500 canciones, no sólo en español, sino también en italiano, portugués, francés, inglés, alemán y japonés. En 1969 se casó con Carlos Goyanes de quien se divorció tres años después. Por esa época hizo

"EN TODAS LAS FACETAS DE LA VIDA SE ES O NO SE ES".

tres películas que no tuvieron el éxito esperado, y se volvió a casar en 1982 con el bailarín Antonio Gades. Cuando se separaron, cuatro años después, sufrió una de las peores humillaciones de su carrera: Gades no sólo se casó con una suiza multimillonaria, sino que encima se rumoró que uno de sus allegados vendió la exclusiva de su boda por una cifra millonaria. Ya antes de eso, en 1983, había grabado su último disco, *Pepa Flores*. A partir de entonces se dice que Pepa comenzó a enterrar a Marisol, pues no sólo se retiró del mundo del espectáculo, sino que también rehusó conceder entrevistas a los medios o convertirse de nuevo en una figura pública. De su vida ha dicho que prefiere concentrarse en las vivencias positivas: "Del pasado sólo recuerdo las cosas buenas. Con el tiempo aprendes a hacerlo. Con los años no se renuncia a nada. Se prescinde de lo que no te interesa. Supongo que eso es mejorar. Buscar lo esencial".

RICKY MARTIN

DECEMBER 24TH 1971 · 24 DE DICIEMBRE, 1971

■Nothing in the world is enough to contain the affable explosion of energy and talent that is the worldwide star José Enrique Martín Morales a.k.a. Ricky Martin. He was born in San Juan, Puerto Rico, on Christmas Eve 1971, and barely 8 months later, he had made his first public appearance in a Carnation milk commercial. At 12, he was a member of the boy band Menudo, and when he left the group five years later, he acted in a few telenovelas, both in Mexico and in the United States. But it wasn't until the nineties when at the age of 30 he turned into a living Latino legend. One of his first big international hits was "La copa de la vida," the official theme song of World Cup '98 in France which he performed at the opening ceremonies in front of a worldwide crowd estimated at two billion people! His infectious euphoria on stage led to a historic Grammy Award in 1999: the first ever Spanish-language singer to have won one. A few months later, he released his first English-language album which included the mega hit song "Livin' La Vida Loca" and would go on to sell over 18 million copies.

> "IN MY LIFE, JUST LIKE EVERYONE ELSE'S, THERE ARE LOTS OF UPS AND DOWNS. BUT WHENEVER I START TO FEEL DOWN ABOUT SOMETHING, I REMIND MYSELF THAT IT'S BETTER TO BE ADDING SOMETHING THAN SUBTRACTING IT."

He is certainly one of the greatest performers the world has ever seen, and it is with just cause that he won every major industry award, from the Grammys to the Latin Grammys, the Billboard Video Awards, the MTV Video Music Awards, and the American Music Awards. And despite his youth, Ricky Martin has always been looking for ways to use his fame to help others. "It's not that I'm tireless," he once said. "It's just that I'm filled with adrenaline and very intense emotions," he said, explaining what led him to establish his own personal charity, called The Ricky Martin Foundation. In purely philanthropic terms, he's been just as successful as he has been as an entertainer: from testifying in front of the US Congress about stopping international child trafficking, to uniting with Bill Gates on a program committed to children's online safety. With an enormous sense of discipline and unrivaled personal charisma, Ricky Martin is one of the brightest stars of our time.

■Nada en el mundo es suficiente para contener esa explosión de energía, talento y don de gentes que José Enrique Martín Morales, alias Ricky Martin, ha desbordado por el mundo. Nació en San Juan, Puerto Rico, el 24 de diciembre de 1971 y a los 8 meses participó en un comercial de la leche Carnation. A los 12 años ya era parte del grupo juvenil Menudo y, cinco años después, cuando salió de éste, actuó en algunas telenovelas lo mismo en México que en

> "EN LA MÍA, COMO EN LA DE TODO EL MUNDO, HAY MUCHAS ALTAS Y BAJAS. PERO CUANDO ME SIENTO TRISTE, ENSEGUIDA PIENSO QUE ES MEJOR SUMAR QUE RESTAR".

Estados Unidos. Sin embargo, no sería hasta a finales de los años noventa que se convertiría, antes de los 30, en una leyenda viviente ¡y en español! Uno de sus pasos a la internacionalización vino con "La copa de la vida", tema oficial de la Copa Mundial de Fútbol de Francia '98. Al interpretarla en su inauguración, fue visto por dos mil millones de personas. Su euforia contagiosa le aseguró una histórica presentación en los premios Grammy de 1999 y así se convirtió en el primer hispano en cantar en español en esa ceremonia. Unos meses después presentó su primer disco en inglés, del cual se desprendió "Livin' La Vida Loca", un megaéxito que lo llevó a vender 18 millones de copias. Es sin duda uno de los mejores *showmen* que ha visto el mundo y con justa razón ha recibido los premios más importantes de la industria (Grammys, Billboard, MTV Awards, American Music Awards). A pesar de su juventud, Ricky Martin se ocupa y preocupa por usar su fama en pro de los demás. "No es que sea incansable", dijo alguna vez, "es que estoy lleno de adrenalina, de emociones bien intensas". Y esa intensidad tan suya lo llevó a abrir su propia fundación: The Ricky Martin Foundation. En calidad de filántropo ha alcanzado tantos logros como en su carrera: desde testificar frente al Congreso de Estados Unidos para frenar el tráfico infantil (2005) hasta asociarse con Bill Gates en el programa Navega protegido, para alertar sobre el peligro de los depredadores en Internet, en el 2007. Poseedor de una enorme disciplina y un carisma sin par, Ricky Martin es uno de los artistas predilectos de nuestra era.

LUCÍA MÉNDEZ

JANUARY 26TH 1951 • 26 DE ENERO, 1951

It all began thanks to her beauty when, in the early seventies, she was named "El Rostro" by the newspaper *El Heraldo*, which led to her first jobs in telenovelas and modeling. Then came a small role in *Muchacha italiana viene a casarse*, a successful show that aired on TV sets all across Latin America. She stood out as the love interests of Vicente Fernández and Valentín Trujillo, while in the meantime she captured the public's heart with her incredible charisma and her talent as an actress. After that, she brought millions of viewers to tears with historic telenovelas like *Viviana*,

> "YES, I'VE LIVED THE LIFE, AND THEY'VE TRIED TO PSYCHOLOGICALLY MISTREAT AND DISPARAGE ME, BUT I HAVEN'T LET THAT HAPPEN. I'VE LEARNED TO FACE CERTAIN PEOPLE AND NO LONGER CONTINUE BY THEIR SIDE."

Tú o nadie, and *El extraño retorno de Diana Salazar*. In the eighties, her name was sought after by every telenovela that had hopes of being a hit. She was also beginning to develop her music career, and recorded a number of songs with such talented artists as Camilo Sesto, with whom she recorded the theme to the telenovela *Colorina*. In the early nineties, she starred in the show *Marielena*, which garnered her fans not only in Latin American but around the world as well. Her personal life has been closely followed by the tabloids, which is why it came as such a surprise when Lucía Leticia Méndez Pérez—just Lucía to most people—revealed that she had been romantically involved with the singer Luis Miguel at a very young age, and that she had been involved with Valentín Trujillo as well as a few other actors. She married twice, first to the producer Pedro Torres and later to Arturo Jordán, whom she divorced in 2007. In early 2008, she returned to the small screen with the series *Amas de casa desesperadas* (the Spanish-language adaptation of *Desperate Housewives*), and her overwhelming beauty—which has flowed for nearly 60 years now—does so as sensual and defiant as ever.

Todo comenzó gracias a su belleza, cuando a principios de los años setenta ganó el título de "El Rostro" otorgado por el diario mexicano *El Heraldo* y realizó sus primeros trabajos en fotonovelas y como modelo. Después vino un pequeño papel en *Muchacha italiana viene a casarse*, una exitosa telenovela de los años setenta que le dio vuelta a América Latina. En el cine se destacó como el interés amoroso de Vicente Fernández y Valentín Trujillo, a la vez que robó el corazón del público por su increíble carisma y capacidad histriónica. Después puso a suspirar y a llorar a millones de televidentes en históricas novelas como *Viviana*, *Tú o nadie* y *El extraño retorno de Diana Salazar*. En toda la década de los ochenta, su nombre era de rigor si se quería que una telenovela fuera exitosa. Simultáneamente, desarrolló su carrera musical y grabó importantes discos haciendo duetos con cantantes de la talla de Camilo Sesto, con quien cantó el tema de su telenovela *Colorina*. A principios de los años noventa, grabó la novela *Marielena*, que se convirtió en una de las predilectas del público no sólo latinoamericano,

> "SÍ LO HE VIVIDO, CÓMO NO, HAN TRATADO DE MALTRATARME SICOLÓGICAMENTE, DE REDUCIRME Y NO ME HE DEJADO, HE TENIDO QUE ENFRENTARME Y DECIR: CON ESTA PERSONA NO SIGO MÁS".

sino internacional. Su vida personal ha sido seguida de cerca por la prensa rosa, y es que Lucía Leticia Méndez Pérez, o simplemente Lucía como le gusta que le llamen, ha sorprendido al revelar que sostuvo un romance con el cantante Luis Miguel cuando este era todavía muy joven y con Valentín Trujillo, además de otros actores. Se casó dos veces, la primera con el productor Pedro Torres y la segunda, en el nuevo milenio, con Arturo Jordán, de quien se divorció en el 2007. A principios del 2008 volvió a deslumbrar en la pantalla chica, en la serie *Amas de casa desesperadas*, con su desbordante belleza, pues al umbral de su sexta década sigue más sensual y desafiante que nunca.

CARMEN MIRANDA

FEBRUARY 9TH 1909 – AUGUST 5TH 1955 • 9 DE FEBRERO, 1909 – 5 DE AGOSTO, 1955

■Although petite, her five foot frame was big enough for this Portuguese woman to carry the rhythm of Brazil throughout the world, thanks to her acting Hollywood films that permeated the population, as well the famous image of her hairdo adorned with various tropical fruits. Considered the first Brazilian superstar (despite her European origins) Maria Do Carmo Miranda Da Cunha was born in a tiny Portuguese village. When she was just one year old, her family moved to Rio de Janeiro, where she began her singing career, eventually signing a recording contract with RCA. By 1928, she was already considered a star in her adoptive homeland, thanks to the singing and dancing talents she displayed in films such as 1936's *Alô Alô Carnaval* and 1939's

"LOOK AT ME AND TELL ME IF I DON'T HAVE BRAZIL IN EVERY CURVE OF MY BODY."

Banana-da-Terra. Despite not knowing English, she moved to New York that same year, and gained a strong following as a Broadway performer. Her exotic look was imminently attractive in the United States (which greeted her as "the Brazilian Bombshell"), and that facilitated her transition to Hollywood. Miranda herself even poked fun at her rather tenuous grasp of the English language, once claiming that she only knew 20 words, and among them were "money, money, money," "turkey sandwich," and "grape juice." Despite all that, from 1940 to 1953, she shared the screen with the likes of Don Ameche, Betty Grable, Alice Faye, and César Romero, and scored big box office hits with musicals like *Down Argentine Way*, *That Night in Rio*, *Weekend in Havana*, and *Nancy Goes to Rio*. Miranda, who once said that "more affectionate than a kiss is a warm hug given to someone you love," married the American producer David Sebastian, and they lived together in Beverly Hills until her untimely death, due to a massive heart attack, at the early age of 53. The body of the legendary carioca was flown back to Brazil, where a national day of mourning was declared. Besides having a star on the Hollywood Walk of Fame, the intersection of Hollywood Boulevard and Orange Drive was named Carmen Miranda Square, and museums have been named in her honor both in Portugal and in Brazil.

■Aunque pequeño, su cuerpo de 1,52 metros de altura fue suficiente para que esta portuguesa llevara todo el ritmo de Brasil alrededor del mundo, a través de películas hollywoodenses que permitieron la popularización, hasta en

"MÍRENME Y DÍGANME SI NO TENGO A BRASIL EN CADA CURVA DE MI CUERPO".

caricaturas, de su imagen ataviada con tocados de frutas tropicales. Considerada la primera superestrella brasileña de la historia (a pesar de su origen europeo), Maria Do Carmo Miranda Da Cunha nació en un pequeño pueblo portugués. Cuando tenía 1 año su familia se mudó a Rio de Janeiro, donde de jovencita empezó a cantar, hasta lograr un contrato con la poderosa RCA. Para 1928 ya era considerada un ídolo en su patria adoptiva, gracias a las dotes de bailarina y cantante que demostró en cintas como *Alô Alô Carnaval*, en 1936 y *Banana-da-Terra*, en 1939. Sin hablar inglés, ese mismo año viajó a Nueva York donde actuó en Broadway con gran aceptación. Lo atractiva que resultaba su imagen exótica para la sociedad estadounidense le permitió incursionar con igual éxito en Hollywood. La propia Miranda se burlaba de su poco dominio del idioma anglosajón, al asegurar que en inglés sólo sabía decir 20 palabras, entre ellas "dinero, dinero, dinero", "sándwich de pavo" y "jugo de uva". A pesar de ello, entre 1940 y 1953, alternó en la pantalla grande con Don Ameche, Betty Grable, Alice Faye y César Romero, al interpretar sus vistosos números musicales en taquilleras cintas como *Down Argentine Way*, *That Night in Rio*, *Weekend in Havana* y *Nancy Goes to Rio*. Miranda, quien consideraba que "más afectuoso que un beso es un abrazo bien dado a alguien a quien amas", se casó en Estados Unidos con el productor David Sebastian y falleció a los 53 años en Beverly Hills, víctima de un infarto masivo. El cuerpo de la legendaria carioca fue transportado a Brasil, donde se declaró luto nacional por Miranda, quien, además de tener su propia plaza en California y su estrella en el Paseo de la Fama de Hollywood, cuenta con museos en su memoria en la mayor nación sudamericana y en su natal Portugal.

RICARDO MONTALBÁN

NOVEMBER 25TH 1920 • 25 DE NOVIEMBRE, 1920

■Ricardo Gonzalo Pedro Montalbán y Merino was born in Mexico on November 27th, 1920, but immortalized himself in the United States for being the first young Mexican actor to conquer Hollywood. And when he was more advanced in years, he cemented his reputation playing the role of Roarke in the popular eighties TV series *Fantasy Island*. As a child, he thought that he would follow in his father's footsteps as a tailor, and he also had aspirations of one day becoming a

"TRUE LOVE DOESN'T HAPPEN RIGHT AWAY; IT'S AN EVER-GROWING PROCESS."

bullfighter. But, thanks to his brother Carlos, he got to know his way around the film studios in Mexico City, where he managed to appear as an extra in a few productions. His genial, attractive personality got the attention of a few of his colleagues, and soon enough he was appearing alongside the great stars of Mexico's golden age of film like Sara García, Andrés Soler, Pedro Infante, Virginia Fábregas, and Emilia Guiú, among others. Among the films he made while in Mexico are *Héroes de la naval*, *La casa de la Troya*, and the dramatic *Nosotros*. Although he had already appeared in U.S. films by 1942, it wasn't until later in that same decade that he would fully become a part of Hollywood culture. It was during that time that he met the love of his life, Georgiana Young, the sister of actress Loretta Young. They married on October 26th, 1944, and remained together for more than 60 years, until her death in 2007. Ricardo's artistic versatility wasn't limited to comedies and dramas; he also made waves as a singer in a number of musicals, and as a director he compiled an impressive résumé as well. And one of his great legacies is the Nosotros organization, which he founded in order to protect the rights of Latino actors working in the United States. Now at 87 years of age, his artistic career is held in such high regard that many of his fans think there could never be a fitting tribute to this great actor.

■Ricardo Gonzalo Pedro Montalbán y Merino nació el 27 de noviembre de 1920 en México y se llegó a inmortalizar en Estados Unidos por ser el primer mexicano en conquistar la meca del cine en sus años mozos. Ya avanzados los años, cimentó su bien ganado lugar con el papel del señor Roarke en la popular serie televisiva de los años ochenta, *Fantasy Island*. De chico pensaban que seguiría los pasos de su padre, quien era sastre, y de joven se sintió atraído por la fiesta brava ya que quería ser torero. Sin embargo, gracias a su hermano Carlos conoció los estudios cinematográficos en la capital azteca, en donde logró colarse como extra en algunas producciones. Su gran personalidad y atractivo llamaron la atención de sus compañeros y pronto estaba alternando junto a grandes figuras de la época de oro del cine mexicano, como Sara García, Andrés Soler, Pedro Infante, Virginia Fábregas y Emilia Guiú, entre otros. De las películas que realizó en México resaltan *Héroes de la naval*,

"EL AMOR VERDADERO NO SUCEDE DE INMEDIATO, ES UN PROCESO QUE CRECE CON EL TIEMPO".

La casa de la Troya y el melodrama *Nosotros*. Aunque en 1942 ya había tenido su primera participación en una cinta estadounidense, no fue hasta finales de los años cuarenta que entró de lleno en Hollywood. Fue en esa época que conoció al amor de su vida, Georgiana Young (hermana de la actriz Loretta Young), con quien se casó el 26 de octubre de 1944 y con quien permaneció por más de 60 años hasta el deceso de ésta, el 13 de noviembre del 2007. Su versatilidad artística no sólo lo llevó a actuar en comedias y películas dramáticas, también lo hizo como cantante en algunos musicales y como director de una buena lista de producciones. Uno de sus grandes legados es la organización Nosotros, que tiene como finalidad proteger los derechos de los actores latinos en Estados Unidos. Con 87 años, su carrera artística es altamente reconocida aunque muchos coinciden en que no hay homenaje suficiente para este gran actor.

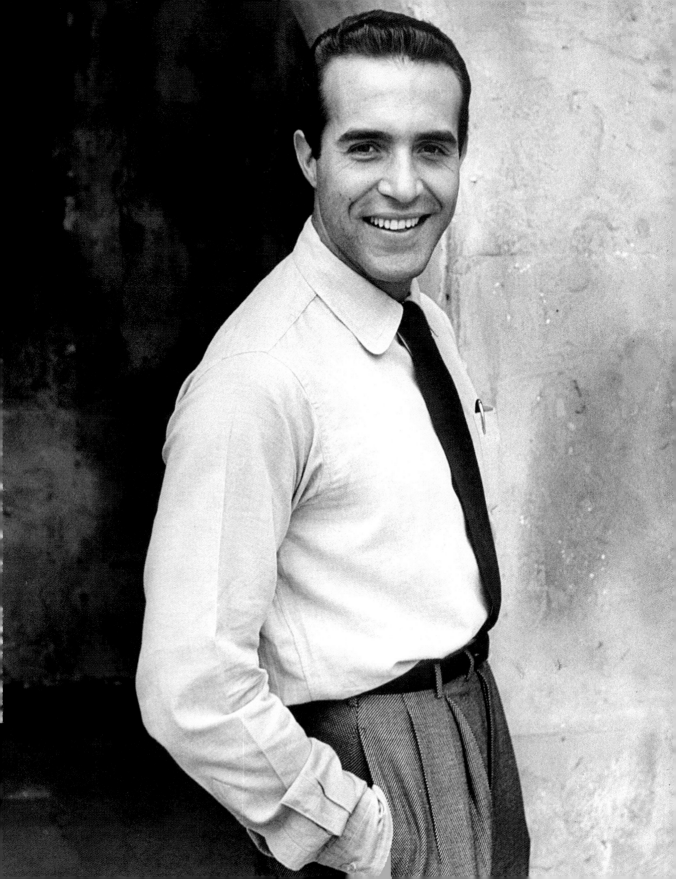

YOLANDA MONTES

"TONGOLELE"

JANUARY 3RD 1932 • 3 DE ENERO, 1932

■ Words like "sexy" and "voluptuous" were not used to describe Latina stars; that is, until "Tongolele" arrived on the scene. She became the biggest sex symbol of the forties and fifties, and today this legendary woman—old enough to be a grandmother—is still turning heads. "I was born to

"YOU WEREN'T ALLOWED TO SHOW YOUR NAVEL. 'THAT'S RIDICULOUS!' I THOUGHT. 'THAT'S COVERING UP THE BEST PART.'"

dance," she often says, in her distinctive Castilian accent, and nobody who has ever seen her sensual, unbridled movements with her green, catlike eyes fixed on some distant point on the horizon while she dances to a Pérez Prado mambo or some other south sea rhythm, would ever doubt such a statement. She was born in Spokane, Washington, of Spanish, Swedish, English, French, and Tahitian ancestry. At 15 years of age, she began studying ballet in San Francisco, and after that she took a job dancing in a popular local cabaret called "The Hurricane." And it was with that sort of torrential force that she began to dominate the clubs in which she danced. Her first tour was with a Cuban revue, and she was based out of the Wilshire Ebbel Theater in Hollywood. It was there that she took on her stage name, which she came across in a Cuban music magazine. In the forties, still quite young and unable to speak Spanish, she traveled to Mexico where she worked in places like the Follies, alternating with figures like Pedro Infante and Agustín Lara. Later, she expanded into the film industry, where she was quite successful. Tongolele thought of the legendary queen of *guaracha*, Celia Cruz, "as a sister." In more recent years, the dancer has appeared in telenovelas like *Salomé*. Her mantra is simple: "I dance every day," she says, "and I continue to learn and update my routines."

■ Sus bellas y voluptuosas características eran inéditas en el firmamento de estrellas latinas, hasta que ella llegó dispuesta a mostrarlas. Así se convirtió en el sueño erótico masculino de los años cuarenta y cincuenta, y hoy, con edad para ser abuela, esta legendaria mujer sigue despertando suspiros. "Yo nací para bailar", ha repetido con su acentuado español, y nadie lo duda al ver las antológicas escenas en las que aparece en contorsión desenfrenada, clavando sus felinos ojos verdes en un punto del horizonte, mientras baila un mambo de Pérez Prado o algún ritmo de los mares del sur. Nacida en el extremo noroeste de Estados Unidos, Tongolele tiene herencia española, sueca, inglesa, francesa y tahitiana. A los 15 años integró el Ballet Internacional de San Francisco, California, para después bailar en un popular cabaret tahitiano llamado "El Huracán". Así

"ESTABA PROHIBIDO ENSEÑAR EL OMBLIGO Y YO PENSABA: '¡QUÉ TONTERÍA! TAPO LO MÁS IMPORTANTE'".

fue como con la fuerza de todos los vientos, y contra los tiempos, fue arrasando en los lugares por los que pasaba. Comenzó primero en una gira con una compañía cubana de revistas que trabajaba habitualmente en el Wilshire Ebbel Theatre de Hollywood. Y allí eligió el que sería su definitivo nombre artístico para una revista musical cubana. En los años cuarenta, jovencísima y sin hablar español, llegó a México, donde trabajó en teatros de revista como el Follies alternando con figuras como Pedro Infante y Agustín Lara, para luego incursionar en el cine, donde logró gran éxito. Tongolele consideraba "como una hermana" a la fallecida reina de la guaracha, Celia Cruz. En los últimos años, la bailarina ha participado en telenovelas como *Salomé*, y considera que sigue vigente: "Bailo todos los días", asegura. "Y sigo aprendiendo y actualizando mis rutinas".

SARITA MONTIEL

■Ever since she was young, she was so beautiful that she would often carry a hatpin with her when she went out to stave off all the "wandering hands" that reached for various parts of her anatomy. So said Sara Montiel, the only Spanish actress who was a part of Hollywood's golden era. It's been said that until Penélope Cruz came on the scene, she was the most popular actress ever to come out of Spain. Born María Antonia Vicenta Elpidia Isidora Abad

"A GLAMOROUS WOMAN IS A WOMAN WHO IS ONE HUNDRED PERCENT FEMININE."

Fernández, she became known as "Sarita" and "Saritísima" thanks to her film work beginning in the early forties. After conquering Spain, she moved on to Mexico where her work with icons like Pedro Infante led her to take the next step into Hollywood. There, in the Mecca of the film industry, she appeared in three movies, *Veracruz*, *Serenade*, and *Yuma*, before returning to her homeland where, in 1957, the record *El último cuplé* made her an international celebrity. Considered one of the great European divas of the 20th century, "La Montiel" worked alongside Gary Cooper, Anthony Mann, Burt Lancaster, and Joan Fontaine. Besides serving as muse to the poet León Felipe, she was a friend of Ernest Hemingway (who taught her how to smoke cigars), Marlon Brando, and James Dean. She's also been associated with a number of romances, including marriages to Anthony Mann, Vicente Ramírez, Pepe Tous and the Cuban Tony Hernández. Her film career included over 50 pictures, and she recorded more than 20 albums. During a 2007 tribute to her in Miami, it was announced that a statue honoring her would be unveiled in her hometown on the 80th anniversary of her birth.

■De joven era tan guapa que debía llevar alfileres en la mano para mantener a raya a probables "mano largas" que trataran de palpar alguna parte de su impresionante anatomía. Eso ha dicho la propia Sara Montiel, la única actriz española que participó en la época dorada de Hollywood. Se ha dicho que, antes de la llegada de Penélope Cruz al cine, ella era la estrella más popular de su país natal. Nacida como María Antonia Vicenta Elpidia Isidora Abad Fernández llegó a convertirse en "Sarita" y "Saritísima", gracias a su trabajo en el cine en donde debutó a mediados de los años cuarenta. Conquistada España, en 1950 se marchó a México en donde trabajó con grandes ídolos como Pedro Infante, quien la catapultó a Hollywood. En la meca

"UNA MUJER GLAMOROSA ES UNA MUJER CIEN POR CIEN FEMENINA".

del cine filmó tres películas: *Veracruz*, *Serenade* y *Yuma*, para luego regresar a su patria donde la cinta *El último cuplé*, la estableció como una celebridad mundial, en 1957. Considerada una de las grandes divas iberoamericanas del siglo XX, la Montiel trabajó junto a grandes del cine como Gary Cooper, Anthony Mann, Burt Lancaster y Joan Fontaine. Además de servir de musa de inspiración al poeta León Felipe, fue amiga de Ernest Hemingway (quien le enseñó a fumar puros), Marlon Brando y James Dean. Se le han adjudicado innumerables romances y ha estado casada en cuatro ocasiones, con Anthony Mann, Vicente Ramírez, Pepe Tous y el cubano Tony Hernández. En su carrera realizó más de 50 películas y grabó más de 20 discos. Durante un homenaje que se le rindió en Miami, en el 2007, anunció que en su pueblo natal develarán una estatua en su honor cuando cumpla 80 años.

BENNY MORÉ

■Doubtlessly one of the greatest Cuban bandleaders of all time was born Bartolomé Maximiliano Moré, though the world would later come to know him simply as Benny Moré. Among the more interesting details about his life is the fact that he was the oldest of 18 children, and that he was descended from a Congolese tribal king. Ever since he was a child, Benny dreamed of becoming a musician, and he took his first steps towards achieving that dream when, at 16, he formed his first musical set. In 1940, he was becoming better and better known in the bars and cafés of Havana, where he frequently performed. And he got his first big break when he was asked to stand in for a well-known performer, Miguel

"I DON'T KNOW A THING ABOUT MUSIC EVEN THOUGH I'VE WRITTEN THE LYRICS AND COMPOSED MOST OF THE SONGS I SING."

Matamoros, who had fallen ill before one of his scheduled appearances. It was that bit of blind luck that led him to eventually become the leader of the group. In 1945, he made his first tour of Mexico, during which he met his future wife, Juana Bocanegra, who was from that country. The famous Miguel Aceves Mejía was his best man at their wedding. The first record he made there in the land of the Aztecs was with the Orquesta de Mariano Mercerón, performing the songs "Me voy pal pueblo" and "Desdichado." He continued to gain popular acclaim, earning the nickname as the Prince of Mambo, and went on to make over 60 records with the amiable Dámaso Pérez Prado. It was that collaboration which produced such hits as "Bonito y sabroso," "Pachito e ché," and "Ensalada de mambo," all of which now stand as true gems in the history of Latin American music. He also played a part in the Golden Age of Mexican film, appearing in such films as *Carita de cielo, Ventarrón, Quinto patio*, and *El derecho de nacer*. In the fifties, he was often referred to as "El Bárbaro del Ritmo," and his jazz ensemble, Benny Moré's Banda Gigante, went on to tour the United States. Sadly, at the peak of his success, he succumbed to cirrhosis of the liver. Only 43 years old, the man had already recorded some of the most memorable and representative Latin music of all time.

■Definitivamente uno de los más grandes soneros cubanos, el mundo lo conoce como Benny Moré, aunque cuando nació en Cuba sus padres le pusieron el nombre de Bartolomé Maximiliano Moré. Entre las curiosidades de su vida vale destacar que fue el mayor de 18 hermanos y era descendiente de un rey del Congo. De niño, su juego predilecto era soñar con ser músico, fantasía que comenzó a cumplir a los 16 años cuando formó su primer conjunto musical. Ya en 1940 era

"YO DE MÚSICA NO SÉ UNA PAPA, AUNQUE LA MAYORÍA DE COSAS QUE INTERPRETO TIENEN LETRA Y MÚSICA DE MI CREACIÓN".

conocido en los bares y cafés del puerto de La Habana, en donde se presentaba con frecuencia. Su gran oportunidad le llegó al integrarse al grupo de un conocido músico de esos años, Miguel Matamoros, quien, al enfermarse antes de una de sus presentaciones, le pidió que lo sustituyera. Así, por accidente, pasó a ser la voz principal de ese conjunto. En su primera gira por México, en 1945, decidió adoptar un nombre artístico, Benny Moré, y de paso se casó con su novia, Juana Bocanegra, originaria de ese país. El famoso Miguel Aceves Mejía fue el padrino de la boda. Su primera grabación en el país azteca fue con la Orquesta de Mariano Mercerón, que lo acompañó en los números "Me voy pal pueblo" (de Consuelo Velazco) y "Desdichado", una pieza de su inspiración. Más tarde se consolidó como el cantante popular de Cuba, con más de 60 grabaciones con el genial Dámaso Pérez Prado. De aquellos tiempos, hasta ahora y para siempre, han quedado sus éxitos "Bonito y sabroso", "Pachito e ché" y "Ensalada de mambo", verdaderas joyas de la historia musical latinoamericana. También debutó en la época de oro del cine mexicano y participó en varios filmes, entre ellos *Carita de cielo, Ventarrón, Quinto patio* y *El derecho de nacer*. En la década de los años cincuenta se consolidó como "El Bárbaro del Ritmo" con La Banda Gigante de Benny Moré, un conjunto de jazz que tocaba los mejores ritmos cubanos y con quien recorrió toda América. Justo cuando estaba en el máximo esplendor de su carrera, murió víctima de una cirrosis hepática. Tenía apenas 43 años y ya había grabado algunas de las canciones más representativas de la cultura de su continente.

MARIO MORENO
"CANTINFLAS"

AUGUST 12TH 1911 – APRIL 20TH 1993 • 12 DE AGOSTO, 1911 – 20 DE ABRIL, 1993

■ Charlie Chaplin himself considered him the greatest comedian on earth. And he may well have been right. The genius of Fortino Mario Alfonso Moreno Reyes, the man who brought Cantinflas to life, was without limits. Some biographies even have a nearly infinite list of his works and talents: soldier, comedian, screenwriter, singer, dancer, boxer, director, producer, circus clown, essayist, political figure…enough already! It all comes down to the name with

> "I LOVE, YOU LOVE, HE LOVES, SHE LOVES, WE LOVE, THEY LOVE…IF ONLY THESE WEREN'T JUST CONJUGATED VERBS, BUT REALITY."

which he conquered the world: Cantinflas. He was born on August 12th, 1911 in Mexico City, and although his first jobs were as a soldier and as a boxer, he soon hung up his gloves in favor of dancing under the big top. One thing led to another, and soon enough his natural gifts led him to the cinema and the theater. During the thirties, he was known for his portrayals of the typical poor Mexican peasant. But it was around that same time that the role for which he is now famous developed: a comical figure with unkempt clothes, a thin moustache, a cheerful gait, and—despite his characteristic drawn-out, confusing diction—always had a social message to offer, all the while finding a way to make people laugh. "Man's primary obligation is to be happy," he said, "and his second is to make others happy as well." Among his more famous films are *Ahí está el detalle*, *El barrendero*, and *El bolero de Raquel*…fifty of them in all, including two in English: *Around the World in 80 Days* and *Pepe*, which garnered him an Oscar nomination, a Golden Globe win, and a star on the Hollywood Walk of Fame. Also among the many honors he received was a Symbol of Peace and Joy from the Organization of American States and a Golden Laurel for his contributions to Mexican cinema. From October 27th, 1936, until the day of her death, Moreno had only one woman in his life: his wife Valentina Ivanova. During the later years of his life, he continued pursuing his great passion in life: helping his fellow man. His philanthropic work is as extensive as his work as an entertainer, which is why Mexico adopted him as a beloved national hero. When he passed away on April 20th, 1993, the entire nation rightfully honored him with a posthumous tribute which lasted for three full days.

■ El propio Charles Chaplin lo describió como el mejor comediante del mundo. Y no era para menos. El ingenio de Fortino Mario Alfonso Moreno Reyes, el hombre que diera vida a Cantinflas, no tenía límites. De allí que algunas biografías incluyan, entre sus muchas aptitudes y trabajos, una cadena sin límites: soldado, comediante, guionista, cantante, bailarín, boxeador, director, productor, cómico de carpa, articulista, político… ¡En fin! Y todo se resume en el nombre del personaje con el que conquistó al mundo: Cantinflas. Nació el 12 de agosto de 1911 en el D.F. de México, y aunque al principio trabajó como soldado y boxeador pronto colgó los guantes para bailar en una carpa. Una cosa condujo a la otra y pronto sus dones naturales lo llevaron al teatro y al cine. Para los años treinta ya era conocido por sus interpretaciones del típico pobre mexicano. Fue entonces que desarrolló el rol que lo haría famoso: un personaje cómico, de vestimenta descuidada, fino bigote, alegre caminar y que,

> YO AMO, TÚ AMAS, ÉL AMA, NOSOTROS AMAMOS, VOSOTROS AMÁIS, ELLOS AMAN. ¡OJALÁ NO FUESE CONJUGACIÓN, SINO REALIDAD!".

pese a su hablar confuso, siempre tenía un mensaje social que difundir, mientras de paso se las ingeniaba para hacer reír. "La primera obligación del hombre es ser feliz", decía, "y la segunda, es hacer feliz a los demás". Entre algunas de sus películas más famosas están: *Ahí está el detalle*, *El barrendero*, *El bolero de Raquel*… Unas 50 en total y dos de ellas en inglés: *La vuelta al mundo en 80 días* y *Pepe*, las cuales le granjearon un Golden Globe y su estrella en el Paseo de la Fama de Hollywood. Entre los muchos honores que recibió, figura el haber sido nombrado Símbolo de Paz y Alegría por la OEA, así como el Ariel de Oro por su contribución a la cinematografía mexicana. Desde el 27 de octubre de 1936 hasta el día de su muerte, sólo tuvo una esposa: Valentina Ivanova. Los últimos años de su vida, Moreno los consagró a la otra gran pasión que tenía, ayudar al prójimo. Su lista de obras filantrópicas es tan extensa como la de sus éxitos profesionales, por lo que México lo adoptó como uno de sus más amados héroes. Con sobrada razón, al fallecer el 20 de abril de 1993, el pueblo entero se volcó a rendirle un tributo póstumo que se prolongó por tres días.

RITA MORENO

■ "In those days, the film studios didn't know what to do with Hispanic talent," Rita Moreno has said. But she did know what to do with her talent, which is why, in record time, she became the first Hispanic to win an Oscar (for *West Side Story*). From there, she went on to win every major award in the entertainment industry: a Grammy for her album *The Electric Company* (1975), a Tony for her performance in *The Ritz*, and two Emmy's for *The Muppet Show* and *The Rockford Files*, in 1977 and 1978, respectively. Born on December 11th, 1931, in Humacao, Puerto Rico, Rosita Dolores Alverío learned from an early age that life wasn't always rosy. Her parents divorced before she even began school, and when she was 6, her mother took her to live in New York City, where she was forced to learn English in a hurry. And she did learn quickly, because only five years later she was dubbing American movies into Spanish. She made her Broadway debut before her 14th birthday in *Skydrift*, and three years later, the producer

"LIFE EXPERIENCE IS ALWAYS VERY SEXY. THERE IS NOTHING LIKE A WISE PAIR OF EYES LOOKING INTO YOURS."

Louis B. Mayer offered her first motion picture contract with Metro Goldwyn Mayer. It was around this time that she took on her stage name, Rita Moreno, which she derived from her name, Rosita, and the last name of her mother's third husband. Her career began to take off, and when she had twenty-some credits to her name, she began to grow tired of the stereotypical Hollywood typecasting of sensual Latinas or domestic workers, and decided to take her career in a new direction: the London theatre, and later on, to Broadway. It was during this time that she met the love of her life, Dr. Lenny Gordon, with whom she had her daughter Fernanda Luisa in 1967. This event in her life helped motivate her to work on the acclaimed children's television show *The Electric Company*. In recent years, she's combined her film and TV appearances with her work as a board member of Third World Cinema, a company that supports the development of minority talent. Rita Moreno helped open the door to Latinos in the U.S. entertainment industry, and she is always ready to welcome them.

■ "En aquellos días los estudios de cine no sabían que hacer con el talento hispano", ha dicho Rita Moreno. La que sí supo qué hacer con su talento fue ella, y por eso en un tiempo récord se convirtió en la primera hispana en llevarse un Oscar (por *West Side Story*) y de paso conquistó

"LA EXPERIENCIA DE VIDA ES SIEMPRE MUY SEXY. NO HAY NADA COMO UN PAR DE OJOS INTELIGENTES MIRANDO A LOS TUYOS".

todos los principales premios de la industria: el Grammy por su álbum *The Electric Company* (1975), un Tony por su actuación en la obra *The Ritz* y dos premios Emmy (1977 y 1978) por su participación en las series *Muppets* y *Rockford*, respectivamente. Nacida el 11 de diciembre de 1931 en Humacao, Puerto Rico, Rosita Dolores Alverío aprendió desde muy joven que la vida no era color de rosa. Sus padres se divorciaron antes de que comenzara a ir a la escuela y cuando tenía 6 años su madre se la llevó con ella a vivir a Nueva York, donde tuvo que aprender el inglés a la fuerza. Y aprendió rápido, pues sólo cinco años después empezó a realizar el doblaje al español de películas americanas. Antes de cumplir los 14 años debutó en Broadway con la obra *Skydrift* y a los 17, el productor Louis B. Mayer le ofreció su primer contrato cinematográfico con la Metro Golden Mayer. Fue para ese entonces que surgió su nombre artístico, Rita Moreno, derivado del diminutivo de Rosita y el apellido del tercer esposo de su madre. Su carrera artística ascendió rápidamente y cuando ya tenía una veintena de títulos en su haber, se cansó de que Hollywood la encasillara en el mismo papel de latina sensual o empleada doméstica, así es que emprendió una nueva etapa en su carrera haciendo teatro en Londres, aunque eventualmente también lo hizo en Broadway. En esos años conoció al amor de su vida, el Dr. Lenny Gordon, con quien tuvo a su hija Fernanda Luisa (1967), quien en aquel entonces la motivó a realizar apariciones en programas de TV para niños como *The Electric Company*. En los últimos años ha combinado sus apariciones en el cine y la televisión con su trabajo como parte de la junta directiva de Third World Cinema, compañía que impulsa el talento de las minorías. Allí, Rita Moreno lucha porque aquella puerta que un día abrió para los latinos en la industria del entretenimiento de Estados Unidos se mantenga siempre presta a recibirlos.

MARCO ANTONIO MUÑIZ

MARCH 3RD 1933 • 3 DE MARZO, 1933

■ He has been referred to as "the Magnificent Mexican," and with good reason. This gentleman is brimming with all sorts of talent: as a singer, an actor, and an all-around entertainer. But his greatest accomplishments have been in the music industry, where he has recorded over 50 albums.

> "WHEN I DO LEAVE THIS WORLD, I HOPE THAT SOME PIECE OF WHAT I'VE DONE REMAINS, AND THAT—HOPEFULLY—THE YOUNGER GENERATIONS WILL LIKE IT."

Marco Antonio Muñiz came from humble beginnings. He was born in Guadalajara, left school at the age of 13, and moved to Juárez to pursue life as a singer. Life away from home proved extremely hard, and he returned to his family after only six months, but he continued to work to help support his parents, first at a jewelry store and then in a bakery. Later he moved to Mexico City, where he looked for work at the famous radio station XEW. They offered him a job as a doorman, and—just to be so near the music—he accepted. It was there that he forged his relationships with the big stars of the day, including Benny Moré and Libertad Lamarque, for whom he worked as an assistant. But, as always, Marco Antonio was still looking for ways to combine work with his love of music. During what free time he had, he would sing at any venue he could, and knocked on any door he thought might lead to an opportunity. In 1953 he formed Los Tres Ases with Juan Neri and Héctor González. The trio of aces has become emblematic of Mexico and all of South America. In the early sixties, Muñiz embarked on a solo career, and he gained even more public renown with songs like *Luz y sombra*, *Por amor*, and *Escándalo*. An adoring public that continues to throng his concerts, proves why this extraordinary baritone singer has been atop the entertainment world for over half a century.

■ Se le ha llamado "El lujo de México" y con razón. Este caballero es un derroche de talento en muchas dimensiones: cantante, actor y animador. Sin embargo, sus mayores triunfos los conquistó a través de la música grabando más de 50 álbumes. De cuna humilde, Marco Antonio Muñiz tuvo que abandonar la escuela al cumplir 13 años y se fue de Jalisco a la ciudad fronteriza de Juárez, para ganarse la vida cantando. La vida fuera del hogar era demasiado dura, por lo cual regresó con su familia a los seis meses, pero siguió trabajando para apoyar a sus padres, primero en una joyería y poco después en una panadería. Con el tiempo se mudó a Ciudad de México y enseguida fue a pedir trabajo a la cadena radial más importante del momento, la XEW. Se

> "CUANDO YO ME VAYA, OJALÁ QUEDE ALGO DE LO MUCHO QUE LE HE ENTREGADO AL PÚBLICO Y QUE, CON TODO RESPETO, PUEDA GUSTAR A LAS DEMÁS GENERACIONES".

lo dieron, de portero. Y con tal de estar cerca de la música, aceptó. Allí entró en relación con las grandes estrellas del momento, como Benny Moré y Libertad Lamarque, para quienes trabajó en calidad de asistente. Pero siempre, siempre, Marco Antonio se las ingeniaba para combinar su trabajo con la música, por lo que en sus ratos libres cantaba en donde se lo permitieran, a la vez que seguía tocando puertas, buscando oportunidades. En 1953 formó Los Tres Ases junto a Juan Neri y Héctor González. El trío ha sido uno de los más emblemáticos de México y Latinoamérica. A principios de los años sesenta, Muñiz se lanzó como solista. El público comenzó a venerarlo gracias a temas como "Luz y sombra", "Por amor" y "Escándalo". Pero su enorme pasión por la música, amén de un público que siempre abarrotaba sus presentaciones, hizo que este extraordinario barítono se mantuviera vigente como cantante y llegara a cumplir, en el 2007, 60 años triunfando en el mundo del entretenimiento.

JORGE NEGRETE

■He became a Latin American legend through his gallant performances on screen and for his voice, which was as enviable as those of his lovers, María Félix and Gloria Marín. Tall and handsome with a distinguished air, a confident demeanor, and a *bel canto* voice, Jorge Alberto Negrete Moreno reached the heights of fame in both Spain and America with records like *Historia de un gran amor* (with Gloria Marín), *Dos tipos de cuidado* (with Pedro Infante), and *El peñón de las animas* and *El rapto* (with Maria Félix). "The Singing Cowboy" put as much energy into his battles supporting union efforts, acting as the leader of the Asociación Nacional de Actores de México. "Mexico, first and foremost. That's my indisputable belief," he once said. And just as he said in his song, "México lindo y queirdo," when he died outside his native country, his body was returned to the ground from which he was born, bringing Mexico City to a grinding halt, just as he had when he married La Doña (María Félix) in what had been one of the most memorable weddings ever. His funeral ceremony included some of the biggest stars of the day, and

> "MEXICO, DEARLY BELOVED / IF I DIE FAR AWAY FROM YOU / LET THEM SAY THAT I AM JUST SLEEPING / AND MAY THEY BRING ME BACK HOME TO YOU."

thousands of fans came to pay their final respects to their favorite legend, who had died of cirrhosis, despite the fact that he didn't drink. The second of five children, Negrete entered the Colegio Militar at 14, but after six years he abandoned the idea because it wasn't the sounds of battle that he enjoyed; rather, it was the sound of music. In 1937, he returned to Mexico, and made his film debut. In 1940, he married the actress Elisa Christy in Miami, and together they had a daughter, Diana. But the marriage was a short one, and a year later, he met Gloria Marín on the set of *¡Ay, Jalisco, no te rajes!*. He lived with her for ten years, until he married María Félix, whom he stayed with until his death.

■Leyenda iberoamericana por sus papeles de galán del celuloide y una voz tan envidiable como por sus amores con María Félix y Gloria Marín. Alto, guapo, de porte distinguido, apariencia segura y voz de estrella del bel canto, Negrete alcanzó fama en América y España con cintas como

> "MÉXICO LINDO Y QUERIDO SI MUERO LEJOS DE TI QUE DIGAN QUE ESTOY DORMIDO Y QUE ME TRAIGAN AQUÍ".

Historia de un gran amor, con Marín; *Dos tipos de cuidado*, con Pedro Infante; y *El peñón de las ánimas* y *El rapto*, con Félix. El Charro cantor puso igual pasión a su batalla en pro de los derechos sindicales de sus compañeros de gremio, como líder de la Asociación Nacional de Actores de México. "Ante todo, México. Es mi sentimiento inseparable", dijo alguna vez Jorge Alberto Negrete Moreno. Y como dijo en su canción "México lindo y querido", al morir fuera de su patria fue llevado al suelo que lo vio nacer, paralizando la capital mexicana como poco antes lo había hecho su enlace con La Doña, en la que había sido calificada la boda del año. Su sepelio reunió a las más grandes personalidades de la época y a miles de admiradores del pueblo, quienes fueron a dar el último adiós a su ídolo que murió víctima de cirrosis, a pesar de que no bebía. Segundo de cinco hijos, Jorge Alberto Negrete Moreno ingresó al Colegio Militar a los 14 años, pero seis años más tarde abandonó la idea porque se dio cuenta de que no era el sonido de las armas el que le deleitaba, sino el de las notas musicales. En 1937 regresó a México y debutó en el cine. En 1940 se casó en Miami con la actriz Elisa Christy, con quien procreó a su hija, Diana, pero la relación fue breve pues un año después, en la filmación de *¡Ay, Jalisco, no te rajes!*, conoció a Gloria Marín, con quien viviría diez años para luego casarse con María Félix con quien duró hasta su muerte.

ADELA NORIEGA

OCTOBER 24TH 1969 • 24 DE OCTUBRE, 1969

■ The indisputable heir to Verónica Castro, Lucía Méndez, and other queens of Latin American melodrama at the start of the 21st century, this actress with the young yet noble face and surprising talent is so reserved that almost nobody knows about her private life. She was discovered at the age of 12 and started her career as a model in Lucía Méndez and Luis Miguel videos, but even then she seemed destined for TV stardom. After small roles in moderately successful melodramas like *Juan Iris, Principessa*, and *Yesenia*, Adela got her break in 1987 with *Quinceañera*, where she shared the screen with another young talent, Thalía. After finishing *Dulce desafío*, she moved to Miami where she did *Guadalupe* and then on to Colombia to star in *María Bonita*, but in the late nineties, she had a string of mega hits with *María*

> "I THINK TIMES HAVE CHANGED QUITE A BIT, AND UNFORTUNATELY NOW WE LIVE IN A FAST-PACED WORLD, AN—AMID ALL THIS STRESS AND ACCELERATION—THINGS LIKE ROMANCE AND CHIVALRY HAVE BEEN LOST."

Isabel, El privilegio de amar, El manantial, Amor real (which set ratings records), and *La esposa virgen*. In 2008, Adela returned to the world of Mexican telenovelas, appearing alongside Eduardo Yáñez, Jorge Salinas, and Pablo Montero, who she calls the "handsome heartthrobs." Also famous for being quite sparing with her words, Noriega has been unofficially rumored to have had relationships with actors including Eduardo Yáñez, Luis Miguel, Fernando Carrillo, and Fernando Colunga. Now nearing her 40th birthday, and still single, she recently conceded in an interview that she believes in marriage, loves kids, and would like to have children of her own. So be it!

■ Sucesora indiscutible de Verónica Castro, Lucía Méndez y otras reinas del melodrama latinoamericano al arrancar el siglo XXI, esta actriz de notable belleza, aspecto juvenil y convincentes actuaciones es tan reservada que casi nada se conoce de su vida privada. Fue descubierta cuando tenía 12

> "YO CREO QUE LOS TIEMPOS HAN CAMBIADO MUCHO Y DESGRACIADAMENTE AHORA VIVIMOS MUY DEPRISA Y DE REPENTE POR ESTE ACELERE Y ESTE ESTRÉS EN EL QUE VIVIMOS TODOS, YA SE PIERDE DE REPENTE EL ROMANTICISMO, LA CABALLEROSIDAD".

años y arrancó su carrera como modelo en vídeos de Lucía Méndez y Luis Miguel, pero su destino hacia el estrellato parecía estar marcado por el mundo de la televisión. Tras realizar pequeños papeles en melodramas de regular éxito como *Juan Iris, Principessa* y *Yesenia*, Adela empezó a destacarse en 1987 con *Quinceañera*, donde alternó con, la entonces también principiante, Thalía. Después de realizar *Dulce desafío* se marchó a Miami donde hizo *Guadalupe* y luego a Colombia donde estelarizó *María Bonita*, pero a finales del siglo pasado empezó su verdadero estrellato internacional de la mano de los hits *María Isabel, El privilegio de amar, El manantial, Amor real* (que rompió récords de audiencia) y *La esposa virgen*. En el 2008, Adela regresa con una telenovela mexicana en la cual alterna con Eduardo Yáñez, Jorge Salinas y Pablo Montero, a quienes califica como "tres galanes bien guapos". Famosa también por su parquedad a la hora de hablar sobre su vida privada, a Noriega se le ha relacionado, hasta ahora sin pruebas, con diversos actores: entre ellos Eduardo Yáñez, Luis Miguel, Fernando Carrillo y Fernando Colunga. A punto de cumplir los 40 años sigue soltera, aunque admitió en una entrevista que cree en el matrimonio, le encantan los niños y se muere por tener hijos. ¡Que así sea!

RAMÓN NOVARRO

FEBRUARY 6TH 1899 – OCTOBER 30TH 1968 • 6 DE FEBRERO, 1899 – 30 DE OCTUBRE, 1968

■His biography reads like it was taken from a Hollywood screenplay. Considered the first Hispanic Hollywood star and Mexico's first international film star, José Ramón Gil Samaniego captivated the public's attention as a Latin lover during the silent film era, until the advent of sound technology eventually led to his decline. He died a tragic death, shot in his own California home. Fleeing the Mexican revolution, the Novarro family arrived in Los Angeles in 1916, where the young, aristocratic son of a prominent dentist developed into a ballet dancer, a singer, and a talented piano player. The following year, he began working

"I WAS ALWAYS THE HERO—WITH NO VICES."

as a film extra, and a life-changing opportunity came in 1922 when the director Rex Ingram offered him the role of Rupert in the classic film *The Prisoner of Zenda*. A love of acting ran in his family: Novarro was the cousin of Dolores del Río and Andrea Palma, which surely helped convince him to continue his acting career in films like *Scaramouche* and *Ben-Hur: A Tale of Christ*. This latter picture was so successful that he earned the title of the "New Valentino." His success was such that he could command a salary of several thousand dollars per film (a fortune in those days), and he received letters from hundreds of adoring fans. Soon, he was appearing opposite stars such as Norma Shearer in *The Student Prince in Old Heidelberg* and, in 1931, with Greta Garbo in *Mata Hari*. Although he continued working is "talkie" films in the United States, Mexico, and Europe as late as 1960, his popularity was on the decline. In his later years, Novarro would recall that during his day, heroes were all Apollo and Adonis types. "I was always the hero—with no vices—reciting practically the same lines to the leading lady," he said, arguing that "the current crop of movie heroes are less handicapped than the old ones. They are more human." The actor, who had never married, was found dead of gunshot wounds in his Los Angeles home. According to police reports, the two young men who shot him claimed to be looking—mistakenly—for a stash of thousands of dollars that weren't even there.

■La suya es una biografía como sacada de un guión cinematográfico. Considerado el primer ídolo hispano de Hollywood y la primera gloria mexicana del celuloide internacional, José Ramón Gil Samaniego conquistó al

"YO SIEMPRE FUI EL HÉROE, SIN VICIOS".

público como el *latin lover* del cine mudo hasta que la llegada del sonido a la pantalla grande provocó su declive. Tuvo un trágico fin al morir de manera violenta en su casa californiana. Huyendo de la revolución mexicana, la familia de Novarro llegó en 1916 a Los Ángeles, donde el joven aristócrata, hijo de un prominente dentista, se desempeñó como bailarín de ballet, cantante y maestro de piano. Al año siguiente empezó a trabajar como extra en el cine, y la oportunidad que cambiaría su vida se le presentó en 1922 cuando el director Rex Ingram le dio el papel de Rupert en el clásico silente *The Prisoner of Zenda*. El amor a la actuación corría en la familia: era primo de Dolores del Río y Andrea Palma, lo que seguramente influyó para que continuara su ascendente carrera con cintas como *Scaramouche* y *Ben-Hur: A Tale of Christ*. Esta última se volvió tan exitosa que se ganó el título de "El nuevo Valentino". Su éxito fue tal que llegó a tener un salario de varios miles de dólares a la semana (equivalentes a una fortuna en esa época) y a recibir cartas de cientos de admiradoras devotas. De paso, alternó con figuras como Norma Shearer en *The Student Prince in Old Heidelberg* y la sueca Greta Garbo en *Mata Hari*, realizada en 1931. Aunque siguió trabajando en decenas de películas habladas en Estados Unidos, México y Europa hasta 1960, su popularidad disminuyó. Novarro recordaría en las postrimerías de su vida que en su tiempo los protagonistas varones eran todos apolos y adonis. "Yo siempre fui el héroe, sin vicios, que recitaba prácticamente los mismos diálogos a la heroína", precisaba, mientras que la nueva cosecha de héroes cinematográficos "son más humanos". El actor fue encontrado muerto a tiros en su casa y, de acuerdo con las versiones policiales, los dos jóvenes que lo asesinaron dijeron que habían escuchado —erróneamente— que guardaba ahí miles de dólares.

JOHNNY PACHECO

MARCH 25TH 1935 • 25 DE MARZO, 1935

For decades now, Johnny Pacheco has been at the center of the Latin music universe. It's a universe in which he could have shined on his own, but being as generous as he is, he always wanted to share the limelight. And he did so in many ways: through his artistic direction, his marvelous musical creations, his good nose for business, or though a combination of any of these. Born on March 25th, 1935, in Santiago de los Caballeros, Dominican Republic, Pacheco moved to New York City with his family at the age of 11. Who could have imagined that this young Dominican would one day grow up to work with such stars as Celia Cruz,

"TO ME, THE MORE SIMPLE THE SALSA, THE BETTER IT IS. TO ME, LESS IS MORE."

Héctor Lavoe, Rubén Blades, and Willie Colón, all under the auspices of their own record company, Fania Records, which was founded in the mid-seventies with attorney Jerry Masucci. They started by selling records out of the back of an old Mercedes which "started out really well" but, as Pacheco remembers, "eventually the back end of the car was sinking under the weight of so many records." But sooner or later, his hard work paid off with success, and Johnny Pacheco broke through. During his 40-year career he's introduced new dances like "La Pachanga," popularized big band music in New York and revived the Cuban sound around the world. And what's most surprising is that, while he was doing all of this, he never neglected his skills as a musician: playing the violin, the accordion, the saxophone, various percussion instruments, and the flute. His powerful skill in that particular instrument garnered him the nickname as "The Ace of the Flute." For the past two decades, Pacheco has endowed his own scholarship, the Johnny Pacheco Scholarship Fund. "My hope," he said, "is to give young new musical talents the opportunity to develop as artists and to gain a college education." And as a former student himself at the prestigious Julliard School of Music, he knows just how valuable that can be. He didn't live just one dream; he lived dozens of them. It could be mentioned that, in 1996, that the President of the Dominican Republic awarded him his country's Presidential Medal of Honor, or that, in 1998, he was inducted into the Latin Music Hall of Fame. But perhaps it's better just to say that to this day, this great master continues to be a tremendous blessing upon the world of music.

Por décadas, Johnny Pacheco ha sido el centro del universo de la música latina. Un universo en el que podría haber brillado solo, pero que generoso como es, quiso compartir con otras luminarias. Y lo hizo de muchas formas: ya sea a través de su dirección artística, sus maravillosas creaciones musicales, un olfato empresarial impresionante

"PARA MÍ, MIENTRAS MÁS SENCILLA LA SALSA, MEJOR ES. PARA MÍ MENOS ES MÁS".

o combinando todas estas características. Nacido el 25 de marzo de 1935 en Santiago de los Caballeros en República Dominicana, Pacheco se mudó a Nueva York con su familia cuando tenía 11 años. Y quién se hubiera imaginado que este joven dominicano llegaría a formar constelaciones históricas con Celia Cruz, Héctor Lavoe, Rubén Blades, Willie Colón… Todo lo logró bajo el amparo de su propio sello discográfico, Fania Records, el cual fundó a mediados de los años sesenta junto al abogado Jerry Masucci. Comenzaron a distribuir los primeros discos en un Mercedes que "empezó caminando muy bien" y terminó, según su propio recuento, "inclinado de la parte delantera por el peso de los discos". El éxito, tarde o temprano, llegó a ser el salario del duro trabajo y pronto Johnny Pacheco comenzó a triunfar. En sus 40 años de carrera ha introducido nuevos bailes como la "Pachanga", puso de moda la charanga en Nueva York y revivió el son cubano en todo el mundo. Lo más sorprendente es que, mientras hacía todo esto, nunca olvidó su pericia como músico: toca el violín, el acordeón, el saxofón, la percusión y la flauta. Su destreza en ésta última es lo que le ganó el mote de "El bárbaro de la flauta". Desde hace más de dos décadas también estableció su propia beca: Johnny Pacheco Scholarship Fund. "Mi esperanza", dice, "es darle a un joven y talentoso aspirante a músico la oportunidad de desarrollarse como artista y beneficiarse de una educación universitaria". Sabe la importancia de eso, pues él mismo estudió en la prestigiosa Julliard School of Music en Nueva York. Vivió no sólo un sueño, sino decenas de ellos. Basta mencionar que en 1996, el presidente de la República Dominicana le otorgó la Medalla Presidencial de Honor de su país, o que en 1998 fue incluido en el International Latin Music Hall of Fame. O mejor aún: sólo hay que decir que hasta el día de hoy, la música y el tumbao de este gran maestro siguen siendo una enorme bendición para la música del mundo.

ANDREA PALMA

APRIL 16TH 1903 – NOVEMBER 11TH 1987 • 16 DE ABRIL, 1903 – 11 DE NOVIEMBRE, 1987

■She bequeathed us nearly 100 films before she left, but the film industry adopted her as a favorite child thanks to her unforgettable performance as a melancholic prostitute in the famous movie *La mujer del puerto*. Ever since then, she's been the first diva of Mexican cinema. She was born Guadalupe Bracho into a wealthy family which included her cousins Dolores del Río and Ramón Novarro, but she shined her own light in early roles as an aristocratic woman and as an elegant vampire. She also began designing hats, and even made some for Marlene Dietrich during her brief stint in Hollywood, and she got her first big break when she had the opportunity to replace Isabela Corona in a role. Although she appeared in dozens of films and television shows in Mexico, Spain, and Hollywood, she is best remembered

"I HAVE ACHIEVED EVERYTHING I WANTED TO ACHIEVE."

for her work in *Ensayo de un crimen*, *Aventurera*, *Distinto amanecer*, and, of course, *La mujer del puerto*. In the latter, which debuted in Mexico in 1933 and was directed by the Russian Arcady Boytler, Palma won popular and critical acclaim for her portrayal of a sad and sensual woman lavishly smoking a cigarette under a streetlight in Veracruz while the background music informs us that she sells her love "to the men coming from the sea." Decades later, recalling that scene, she would say, "Someone with those clothes couldn't have been real, couldn't possibly have existed yet she did." And Andrea wasn't the only member of her family to achieve success on the big screen, as she married the actor Enrique Díaz and her brother was the director Julio Bracho. Her final role was, in fact, alongside her niece Diana Bracho in the 1979 series *Ángel Guerra*. In poor health, she checked herself in to a hospital for Mexican actors on October 6th, 1983, where she died four years later.

■Fueron casi 100 películas las que legó antes de partir, pero la industria del cine la adoptó entre sus predilectas gracias a su inolvidable papel de melancólica prostituta en la famosa cinta *La mujer del puerto*. Desde entonces y para siempre se convirtió en la primera diva mexicana del cine internacional. Nacida como Guadalupe Bracho en el seno de una familia

"ME HE REALIZADO COMPLETAMENTE".

acomodada, pero venida a menos, en el norte de México (y prima de Dolores del Río y Ramón Novarro), brilló por igual en papeles de bella dama aristocrática que de elegante vampiresa. Empezó a destacarse como diseñadora de sombreros (incluso realizó varios para la alemana Marlene Dietrich durante una corta estadía en Hollywood) y en su país debutó en teatro cuando se le dio la oportunidad de reemplazar a Isabela Corona. Aunque participó en decenas de películas, telenovelas y obras en México, Hollywood y España, es recordada por sus soberbias actuaciones en cintas como *Ensayo de un crimen*, *Aventurera*, *Distinto amanecer* y, claro, *La mujer del puerto*. En esta última, realizada en 1933 por el ruso Arcady Boytler, se ganó el aplauso como la sensual y triste hembra que fuma recargada en un farol de Veracruz, mientras la melodía de fondo anuncia que "Vendo placer... a los hombres que vienen del mar". Décadas más tarde, al recordar aquella escena diría: "Un personaje con dicho vestuario no era real, no podía ser, sin embargo existió". Andrea no fue la única de su familia que triunfó en el cine (se casó con el actor Enrique Díaz y era hermana del director Julio Bracho). Su último papel fue, de hecho, junto a su sobrina Diana Bracho en la serie *Ángel Guerra* (1979). Enferma, se recluyó de manera voluntaria en el asilo para actores mexicanos el 6 de octubre de 1983, en donde falleció cuatro años después.

DÁMASO PÉREZ PRADO

DECEMBER 11TH 1916 – SEPTEMBER 14TH 1989 • 11 DE DICIEMBRE, 1916 – 14 DE SEPTIEMBRE, 1989

■His music is something that never goes out of style, for even today, his songs like "Mambo No. 5," "Mambo No. 8," and "Qué rico el mambo" still fill any party with a sense of jubilation. He was born in Cuba, and there he studied piano at a very young age, gradually working his way up to the point of directing his first orchestra at 16. He was a tireless musician, simultaneously writing for and performing with several groups at the same time. He was also part of the Orquesta Casino de la Playa, one of the most famous on the island, which served as a stepping stone to Mexico. Once he arrived in great capital city, he formed a jazz band based on Afro-Cuban rhythms with which he would make history. That particular sound—originally created in Cuba by his colleague Israel López "Cachao" and his brother, Orestes López—became known as "Mambo" and became

"AS A CUBAN, I'M SATISFIED WITH HAVING MADE SOMETHING BEAUTIFUL."

something of a personal signature which he carried with him all his life. Its success was so great that a feature-length film was made about it, *Al son del mambo*. He then took his unstoppably contagious beats to the United States, where he enjoyed broad acceptance. In Los Angeles, Benny Moré joined his orchestra. The alliance of those two musical geniuses quickly produced results, and they soon set up to tour the continental United States, which led directly to a record deal with RCA. As their mambos increased in popularity, they began enumerating them: Mambo No. 1, Mambo No. 2, Mambo No. 3, and so on. During all of this, the biggest stars in the music industry played with his orchestra, including Benny Moré, Johnny Pacheco, Mongo Santamaría, René Bloch, Patato Valdez, Cándido, Ray Barreto, Maynard Ferguson, Shorty Rogers, and Doc Severinsen. Pérez Prado also became the first Latin artist to take over the #1 block on the *Billboard* charts; his song, "Cerezo Rosa" held the top spot for 26 consecutive weeks. Among his numerous contributions to the world of music is the fact that many consider him to have laid the groundwork for the emergence of salsa music. After leaving a tremendous cultural and musical legacy upon the world, he finally left it on September 14th, 1989, at the age of 73.

■Su música es una que nunca pasa de moda, de allí que aún en las fiestas de estos días se prenda la alegría al son de algunos de sus temas, como "Mambo No. 5", "Mambo No. 8" y "Qué rico el mambo". Nació en Cuba y allí también estudió piano desde muy joven y dirigió su primera orquesta cuando apenas tenía 16 años. Fue un músico incansable; hacía música para muchas agrupaciones, a la vez que tocaba con otras. Fue parte también de la Orquesta Casino de la Playa, una de las más famosas de la isla, trabajo que le sirvió

"COMO CUBANO ME SIENTO SATISFECHO DE HABER HECHO ALGO BONITO".

de trampolín para llegar a México. Instalado en la gran urbe mexicana formó un conjunto de jazz acompañado con percusión afrocubana con el que hizo historia. Ese sonido peculiar —creado originalmente en Cuba por su colega Israel López "Cachao" y el hermano de este, Orestes López— se conoció como mambo y se convirtió en su sello personal, que estuvo ligado a él toda su vida. Su éxito fue tan grande que hasta terminó filmando un largometraje, *Al son del mambo*. Imparable, llevó sus contagiosos ritmos a Estados Unidos, en donde gozó de gran aceptación. En Los Ángeles, Benny Moré se unió a su orquesta. La alianza de estos dos genios de la música pronto tuvo buenos resultados y enseguida firmaron un contrato para recorrer la unión americana con su espectáculo. En cuestión de meses llegó el contrato para ser artista exclusivo de la compañía discográfica RCA. Así fue como su repertorio de mambos fue aumentando y comenzó a enumerarlos: Mambo No. 1, 2, 3 y más. A todas estas, por su orquesta desfilaban las más grandes figuras de la música de esos años: Benny Moré, Johnny Pacheco, Mongo Santamaría, René Bloch, Patato Valdez, Cándido, Ray Barreto, Maynard Ferguson, Shorty Rogers y Doc Severinsen, entre otros. Fue el primer latino en colocar un tema en la casilla No. 1 en las listas de Billboard ("Cerezo Rosa"), canción que permaneció allí por 26 semanas consecutivas. Entre sus numerosas contribuciones a la música se le atribuye haber marcado la pauta para el género musical que después se conocería como la salsa. Y dejando un enorme legado cultural y musical al mundo, pudo entrar en el mayor de sus descansos cuando tenía 73 años, el 14 de septiembre de 1989.

SILVIA PINAL

SEPTEMBER 12TH 1931 • 12 DE SEPTIEMBRE, 1931

■Besides being the only star from the golden age of Mexican cinema currently on active duty, this legendary actress, singer, dancer, producer, businesswoman, and politician is the head of one of the most famous celebrity clans in the country. After making her big-screen debut in 1948, she set about laying the foundation for a long and illustrious career, appearing in films with Pedro Infante, Germán Valdés "Tin Tan," and Mario Moreno "Cantinflas," becoming one of the

"I HAVE, WITHOUT A DOUBT, BEEN A TENACIOUS WOMAN."

most recognized figures in all of Mexico, winning a great number of prizes and awards, including the Premio Ariel (Mexico's equivalent to the Oscar) in 1952, 1955, and 1956. She could conceivably won even more, but these awards were suspended for more than a decade, and she retired from the screen for a time in order to pursue another one of her great passions: the theater. International acclaim included films she made in the sixties with Luis Buñuel, including *El ángel exterminador, Simón del desierto*, and *Viridiana*, the latter of which won the Palme d'Or at the Cannes Film Festival. After that, she focused her attention on musicals and television, where she created the program *Mujer, casos de la vida real*, whose format was copied in several nations across the Americas. In her personal life, she was romantically linked to Emilio Azcárraga Milmo, and has been married to the actor and director Rafael Banquells, the producer Gustavo Alatriste, the singer Enrique Guzmán, and the politician Tulio Hernández. And in addition to having touched the hearts of millions of people, she has also raised a family who has also gone on to succeed in the entertainment business. She is the mother of the singer Alejandra Guzmán, the producer Luis Enrique Guzmán, and the actresses Silvia Pasquel and the disappeared Viridiana Alatriste, the grandmother of the actress Stephanie Salas, the great-grandmother of Michelle Salas, the eldest daughter of the singer Luis Miguel. Let there be no doubt: Silvia Pinal is no one-time legend. She has given quite generously, becoming a light for all the legends to come.

■Además de ser la única gran estrella de la época dorada del cine mexicano en activo, esta legendaria actriz, cantante, bailarina, productora, empresaria y política es la cabeza del clan de celebridades más famoso de su país. Tras debutar en el cine en 1948, fue cimentando su fama en películas con Pedro Infante, Germán Valdés "Tin Tan" y Mario Moreno "Cantinflas", y se convirtió en una de las figuras más galardonadas de su patria, obteniendo diversos reconocimientos, como el premio Ariel de la Academia Mexicana de Artes y Ciencias Cinematográficas en 1952, 1955 y 1956. Seguramente tendría muchos más, pero estos premios se suspendieron por más de una década y ella se retiró algún tiempo del cine para entregarse a otra de sus grandes pasiones, el teatro. Sus logros internacionales incluyen las exitosas cintas que filmó en los sesenta con Luis Buñuel: *El ángel exterminador, Simón del desierto* y *Viridiana*, la cual ganó La Palma de Oro en el Festival de Cannes, Francia. Después se enfocó en teatro musical y televisión, donde creó el programa *Mujer, casos de la vida real*, formato que fue un suceso imitado en varios países de América. Además de haber sido novia de Emilio Azcárraga Milmo, ha contraído matrimonio con el actor y director Rafael

"HE SIDO, SIN DUDA, UNA MUJER TENAZ".

Banquells, el productor Gustavo Alatriste, el cantante Enrique Guzmán y el político Tulio Hernández. No sólo ha tocado con su talento la vida de millones de personas, sino que se lo heredó a su familia y hoy en día sus hijos triunfan en diversos campos del entretenimiento. Es madre de la cantante Alejandra Guzmán, el productor Luis Enrique Guzmán y las actrices Silvia Pasquel y la desaparecida Viridiana Alatriste; abuela de la actriz Stephanie Salas y bisabuela de Michelle Salas, la hija mayor del cantante Luis Miguel. No cabe duda que Silvia Pinal no es una leyenda solitaria, pues amplia y generosamente dio su luz a muchas leyendas por venir.

SALVADOR PINEDA

FEBRUARY 12TH 1952 • 12 DE FEBRERO, 1952

■ In any telenovela retrospective, Salvador Pineda must always occupy a prominent place for during his 30-year television career, he has successfully navigated the course from gallant young man to villain and mature, first-rate actor. At 56, this Mexican star's career spans the continent's film, theater, and television industries. Armed with dramatic

> "I'VE ALWAYS FOUND THAT DARK CHARACTERS INTRIGUE ME. THEY ARE FULL OF HUMANITY, THEIR PHYSICAL APPEARANCE CAN BE FRIGHTENING, AND YET I TRY TO GIVE THEM A SOUL. BECAUSE I'M A GOOD ACTOR I GET TO PLAY THE VILLAIN."

talent, physically gifted, virile, with a serious voice and a strong personality, the telenovelas would be the genre in which he would become legendary. He entered that world in 1977 with a small role on *Rina*, the legendary soap starring Ofelia Medina and Enrique Álvarez Félix. But it wasn't until the eighties that his own star began to shine in *Bianca Vidal* with Edith González, and *Tú o nadie*, with Lucía Méndez y Andrés García. Although Lucía and Verónica Castro had been his costars on many occasions, he also acted alongside Libertad Lamarque, Daniela Romo, and Christian Bach. After appearing in some of the most successful telenovelas of the decade (*Colorina, El derecho de nacer*, and *Mi pequeña Soledad*), the nineties saw his TV career expand into dramas such as *El magnate y Morelia*, which aired all across Latin America, Europe, and the United States. Thanks to his success on the small screen, Pineda was offered some small roles in films like *Las apariencias engañan* (*Deceitful Appearances*), but he will always be known for the way he played the villain. "I try and give them a soul," he's said. Always feared for his unvarnished opinions, Pineda survived a cancer diagnosis, saying that he has no fear of death, all the while planning on buying a ranch in Michoacán, Mexico, the land where he was born.

■ En cualquier compendio de la telenovela debe ocupar un lugar destacado Salvador Pineda, quien, en sus 30 años de carrera en televisión, ha sido con éxito desde galán juvenil hasta villano y maduro primer actor. A sus 56 años, el actor mexicano cuenta con una prolífica trayectoria en el cine, el teatro y la televisión del continente. Armado de talento dramático, físico agraciado y varonil, voz grave y recia personalidad, las telenovelas serían, sin embargo, el género en el cual se convertiría en leyenda. Pineda ingresó al mundo de las novelas en el año 1977, con un pequeño papel en *Rina*, la legendaria telenovela que protagonizaran Ofelia Medina y Enrique Álvarez Félix. Sin embargo, no fue hasta los años ochenta que comenzó a brillar con sus primeros roles estelares en *Bianca Vidal*, con Edith González, y *Tú o nadie*, con Lucía Méndez y Andrés García. Aunque Lucía

> "ESOS PERSONAJES OSCUROS ME ENCANTAN. SON PERSONAJES CON MUCHA HUMANIDAD, CUYO ASPECTO FÍSICO CAUSA TERROR, PERO YO LES DOY MUCHO ESPÍRITU. COMO SOY MUY BUEN ACTOR ME DAN A LOS VILLANOS".

y Verónica Castro han sido sus coprotagonistas en más ocasiones, también ha alternado con Libertad Lamarque, Daniela Romo y Christian Bach. Después de intervenir en algunas de las novelas más exitosas de esta década (*Colorina, El derecho de nacer* y *Mi pequeña Soledad*), en los años noventa siguió su exitoso paso por la televisión, gracias a melodramas como *El magnate* y *Morelia*, que fueron vendidas a varios países de América Latina, Europa y Estados Unidos. De la mano de sus logros en la pantalla chica, ha tenido logros discretos en cine con películas como *Las apariencias engañan*, pero reconoce que su mayor éxito está en la interpretación de malvados: "Yo les doy mucho espíritu", ha dicho. Temido por sus opiniones sin tapujos, Pineda superó el cáncer hace una década y dice no temer a la muerte, todo a la vez que planea comprar un rancho en Michoacán, México, la tierra que lo vio nacer.

FREDDIE PRINZE

JUNE 22ND 1954 – JANUARY 29TH 1977 · 22 DE JUNIO, 1954 – 29 DE ENERO, 1977

■When he died of a self-inflicted gunshot wound to the head at the age of 22, Freddie Prinze cut short the ascending career of the youngest, most famous Latino star on U.S. television. He was born in New York of German and Puerto Rican descent, and he lived a short, hard life marked by the conflict between his own torment and the admiration he gained from his unprecedented fame. The son of Frederick Karl Pruetzel delighted in going to ballet classes with his mother, but the future "Prince of Comedy" soon found

"I NEED TO FIND PEACE."

another interesting path, and after successfully auditioning at the Fiorello H. La Guardia High School of Performing Arts, he left school to work in Nuyorican comedy clubs around the city. His breakthrough opportunity came in 1973, when an appearance on *The Tonight Show with Johnny Carson* led to his casting on the TV show *Chico and the Man*. The show was an instant success for NBC, and the name Freddy Prinze became synonymous with Francisco "Chico" Rodríguez, the character he portrayed from 1974 to 1977. Coming as the successor to Desi Arnaz and the precursor of George López, Prinze signed a $6 million contract with NBC, and his last public appearance was at President Jimmy Carter's Inaugural Ball. A kind man with great, dark eyes, Prinze married Katherin Cochran in 1975, and their son, Freddie Prinze Jr., has followed him in his love of acting. Sadly, though, the pressures of young wealth and fame took their toll on Prinze, and his doctors began prescribing mood stabilizing drugs. After suffering through a divorce that included a restraining order, Prinze—who had been telling friends that "life isn't worth living"—called his mother, ex-wife, and business manager, repeating the same message: "I love you very much, but I can't go on. I need to find peace." After that, Prinze pulled a handgun from between the sofa cushions and shot himself in the temple. He died the following day. Although his death was originally ruled a suicide, his mother fought to change that explanation, arguing that the shot was an accident brought on by his prescription medication. In 2004, his well-deserved star was unveiled on the Hollywood Walk of Fame.

■Cuando murió tras pegarse un tiro en la cabeza, Freddie Prinze, de entonces 22 años, truncó el ascenso de una estrella que en ese entonces era el artista latino más joven y famoso en la televisión estadounidense. De raíces alemanas y boricuas, nació en Estados Unidos y protagonizó una vida tan corta como marcada por el contraste, pues fue tan atormentada como admirada por su inédita fama. Por regordete, de niño Frederick Karl Pruetzel fue inscrito por su madre en clases de ballet, pero el futuro príncipe de la comedia pronto encontró su camino, y luego de audicionar en el Fiorello H. La Guardia High School of Performing Arts, abandonó la preparatoria para trabajar en clubes de comedia neoyorquinos. Su oportunidad llegó en 1973 cuando apareció en *The Tonight Show*; lo que le sirvió de trampolín para su propio programa televisivo, *Chico and the Man*. Esa serie de la cadena NBC fue un éxito inmediato, con el cual pasó a la historia como Francisco *Chico* Rodríguez, rol que representó de 1974 a 1977. El sucesor de Desi Arnaz y

"NECESITO ENCONTRAR PAZ".

antecesor de George López, Prinze firmó un contrato de cinco años por $6 millones con NBC y su última aparición pública fue en el baile inaugural de la toma presidencial del presidente Jimmy Carter. Simpático y de grandes ojos oscuros, Prinze se casó en 1975 con Katherine Cochran, con quien tuvo a su hijo, Freddie Prinze Jr., a quien le heredó su amor por la actuación. Lamentablemente, la riqueza y fama tempranas le provocaron presiones que buscó controlar con medicamentos recetados por médicos. Después de enfrentar el divorcio y una orden de alejamiento, el 28 de enero de 1977, Prinze, quien decía que la vida "no vale la pena", telefoneó a su madre, ex esposa y amigos desde su hotel del sur de California para decirles: "Te quiero mucho… pero no puedo seguir… necesito encontrar paz". Se disparó en la cabeza y falleció al día siguiente. Aunque al principio su muerte fue declarada como suicidio, su madre emprendió una ardua batalla para cambiar ese dictamen por el de balazo accidental por consumo de medicamentos recetados y lo logró. En el 2004 se develó su tan merecida estrella en el Paseo de la Fama de Hollywood.

TITO PUENTE

APRIL 20TH 1923 – MAY 31ST 2000 • 20 DE ABRIL, 1923 – 31 DE MAYO, 2000

■He became known as the "King of Latin Music" and the "King of the Kettledrums" because he was the master of both, and he occupies one of the most respected places in the halls of Latin Jazz. Counting his collaborations with other artists, he's recorded over 100 albums, and he's composed nearly a hundred musical pieces, including Latin classics

"WITHOUT DANCE, MUSIC JUST WOULDN'T BE AS POPULAR."

such as *Para los rumberos* and *Oye como va*. He's won five Grammy awards, been honored with a star on Hollywood's Walk of Fame, and he's received four honorary doctoral degrees from prestigious universities around the world. And his unforgettable style has left a permanent impression on those lucky enough to have seen him perform life: with his foot always tapping, his tongue sticking out the side of his mouth, and his eyes wide open, he seemed to personify the joy of music itself. The child of Puerto Rican immigrants, Ernest Anthony Puente Jr. was born on April 20th, 1923, in Harlem. He took his first piano lessons at age 6, and by the time he was 10 he had added percussion. At 19 he learned to play the saxophone while serving in the U.S. Navy during World War II, after which he enrolled in the prestigious Julliard School of Music where he studied musical harmony, direction, and orchestration. After finishing his studies, he formed a group called the Picadilly Boys, an experience that led him to play for more well known artists like Pupi Campo and the Brazilian Fernando Álvarez and his two bands, Copacabana and Curbelo. By the mid-fifties, he had gained thousands of followers with such hits as "Ran Kan Kan," "Abaniquito," "El yoyo," and "Picadillo." In 1958, he released the album *Dance Manía*, both a commercial and a critical success. He collaborated with many of music's most famous artists, but without a doubt his most memorable partnership was with Celia Cruz, the Cuban *guarachera*. His name appears on the Hollywood Walk of Fame alongside other such jazz greats as Nat King Cole, Miles Davis, and Ray Charles. Sadly, the King of Latin Music suffered a heart attack from which he never recovered. He passed away on May 31st, 2000, at the age of 77.

■Se le llegó a conocer como el "Rey de la música latina" y el "Rey de los timbales" porque gobernó en ambos, a la vez que se posicionó como uno de los máximos representantes del jazz latino. Grabó 100 discos —entre producciones propias y colaboraciones con otros artistas— compuso cerca de 100 obras musicales, en donde se incluyen clásicos de la música latina como *Para los rumberos* y *Oye como va*; fue reconocido con cinco premios Grammy; tiene su estrella en el Paseo de la Fama de Hollywood; y recibió cuatro doctorados honoríficos en prestigiosas universidades del mundo. Para quienes tuvieron el honor de verlo en vivo, quedó imborrable su particularísimo estilo: tocaba siempre de pie, con la lengua asomando en sus labios y los ojos bien abiertos, casi como personificando el placer por la música. Hijo de inmigrantes puertorriqueños, Ernest Anthony Puente Jr., nació el 20 de abril de 1923 en Harlem, Nueva York. A los 6 años ya había tomado sus primeras clases

"SIN UN BAILE LA MÚSICA NO PODRÁ SER POPULAR".

de piano y a los 10 ya estudiaba percusión. A los 19 años aprendió a tocar el saxofón mientras servía en el ejército estadounidense durante la Segunda Guerra Mundial y a su regreso se inscribió en la prestigiosa Julliard School of Music, en donde estudió armonía musical, dirección y orquestación. Concluidos sus estudios formó su propio grupo, Picadilly Boys, tras la gran experiencia que le dejó participar en conocidas bandas como la de Pupi Campo, la del brasileño Fernando Álvarez y su Copacabana Group, o la de Curbelo. A mediados de los años cincuenta ya se había ganado miles de seguidores con temas como "Ran Kan Kan", "Abaniquito", "El yoyo" y "Picadillo". En 1958 editó *Dance Manía*, un álbum que se convirtió en un éxito en ventas y un clásico de su discografía. Colaboró con grandes figuras de la música, pero sin duda su dupla más memorable fue con Celia Cruz, la guarachera de Cuba. Su nombre está plasmado en el Salón de la Fama del Jazz junto a estrellas como Nat King Cole, Miles Davis y Ray Charles. Lamentablemente, luego de una intervención quirúrgica para corregirle una arritmia cardíaca, el rey de los timbales falleció el 31 de mayo del 2000. Tenía 77 años de edad.

ANTHONY QUINN

APRIL 21ST 1915 – JUNE 3RD 2001 • 21 DE ABRIL, 1915 – 3 DE JUNIO, 2001

■His sweeping abilities as an actor won him two Oscars, the second of which was for playing a character who had a mere 8 minutes of screen time in the film *Lost for Life*. That's the extent to which his talent reaches us, and it explains (in part) how his cinematic résumé includes over 200 roles. Of Irish and Mexican descent, he was born Antonio Rodolfo Oaxaca Quinn on April 21st, 1915, in Chihuahua, Mexico.

"IN EUROPE AN ACTOR IS AN ARTIST. IN HOLLYWOOD, IF HE ISN'T WORKING, HE'S A BUM."

When he was only four months old, his family moved to the barrios of East Los Angeles, where he worked shining shoes and hawking newspapers, among other things. But all that changed when the producer Cecil B. DeMille offered him a shot at a career as an actor. His first, small roles were always as a stereotypical Mexican, Indian, or gangster figure. But finally, in 1947, he got his big chance, appearing in *Viva Zapata!* starring Marlon Brando. The film won him his first Oscar. From that point on, he was able to choose the roles that he wanted to play, and was able to do quite a bit in terms of breaking up the stereotypes that pervaded Hollywood in those days. His heart proved to be as restless as his spirit, as he married three times: to Katherine DeMille, the adopted daughter of Cecil B. DeMille, in 1937; to the costume designer Iolanda Addolori in 1966; and finally to his personal secretary, Kathy Benvin, in 1997. In all, he fathered 13 children. Alongside his interest in acting, Quinn enjoyed a number of hobbies that included painting, sculpture, and jewelry design, and some of his pieces have sold for as much as $30,000. Eventually, at 86 years of age, he died in Boston, Massachusetts, due to complications from pneumonia and throat cancer.

■Su capacidad interpretativa lo llevó a ganar dos premios Oscar, el segundo por un personaje que apenas representó por sólo 8 minutos en *Lost for Life*. Así de poderosa era su capacidad histriónica. De allí que su inventario cinematográfico haya estado nutrido por más de 200 títulos. Descendiente de irlandeses y mexicanos, nació el 21 de abril de 1915 en Chihuahua, México, bajo el nombre de Antonio Rodolfo Oaxaca Quinn. Con 4 meses de edad se mudó junto a su familia a Estados Unidos y se crió en el este de Los Ángeles, en donde trabajó como limpiador de zapatos, vendedor de periódicos y otros oficios similares. Todo eso quedó atrás cuando el famoso productor Cecil B. DeMille le dio una oportunidad en el mundo de la actuación. Después vinieron papeles siempre chicos y siempre encasillado en personajes de indio o gángster. Finalmente, en 1947 llegó su gran oportunidad en *Viva Zapata!*, protagonizada por Marlon Brando. La cinta le colocó en sus manos su primer premio Oscar. Desde entonces pudo escoger los personajes

"EN EUROPA UN ACTOR ES UN ARTISTA; EN HOLLYWOOD UN ACTOR ES UN VAGO".

que quiso y fue capaz de rebasar los estereotipos impuestos con frecuencia y sin clemencia por la meca del cine. Su corazón, tan inquieto como su espíritu, lo llevó a casarse en tres ocasiones: con Katherine DeMille, hija adoptiva de Cecil B. DeMille, el 5 de octubre de 1937, con la diseñadora de vestuario Iolanda Addolori en 1966 y finalmente con su secretaria personal Kathy Benvin en 1997. En total tuvo 13 hijos. Al lado de las artes escénicas, Quinn se destacó en otras habilidades como la pintura, la escultura y el diseño de joyas, llegando a vender piezas por más de $30,000. A la edad de 86 años, murió en Boston, Massachusetts, debido a problemas respiratorios.

RAPHAEL

MAY 5TH 1943 • 5 DE MAYO, 1943

■Always dressed in black and displaying a wide variety of gestures and mimicry, the Spaniard Raphael has lit up the biggest stages in the world: Madison Square Garden in New York, the Palladium in London, the Olympia in Paris, Bellas Artes in Mexico, and the Sydney Opera House all bore witness to this king with the majestic voice and talent for physical expression. To say he has the voice of an angel may well be true, since he started singing at the age of four in the Iglesia de San Antonio choir, and later at the Iglesia de Jesús de Medinaceli. Five years after that, in Austria, he won a contest as the best young voice in Europe, and was considered a child prodigy. In 1962, he notched another honor: best performance at the Benidorm International Song Festival. As his music began to monopolize the airwaves in Spain, other continents—North America, Asia,

"THE WORLD OF JEALOUSY IS FOREIGN TO ME. I'VE NEVER LOST ANYTHING TO IT."

and Europe—were catching Raphael Fever. Love was also smiling upon him, and on July 14, 1970, he married the writer and journalist Natalia Figueroa, who had supported his career from the very beginning. Thanks to that support, Raphael assembled an impressive discography of over 300 gold records, 49 platinum records, and the only uranium record ever bestowed, for worldwide sales of over 50 million. It's difficult to speak about his overall repertoire, given the great number and diversity of his works, but some of his most memorable of all include "Yo soy aquél," "Digan lo que digan," "Cuando tú no estás," "Toco madera," "Qué sabe nadie," "Amor mío" and "Somos." The "Kid from Linares," as he has come to be known, has endured some health issues with hepatitis, and underwent a liver transplant in 2003. In recent months, he's been giving interviews, continuing with his music, and even wrote two autobiographical books. Raphael's past is as brilliant as his present, and hopefully he'll continue to shine in the days to come.

■Eternamente de negro y con de un generoso despliegue de ademanes y amplia mímica, Raphael de España ha iluminado los escenarios más imponentes del mundo. Desde el Madison Square Garden de Nueva York, al Palladium de Londres, el Olympia de París, el Bellas Artes de México o el Opera House de Sydney, todos han sido testigos de este

"EL TERRENO DE LA ENVIDIA ME ES AJENO. NO SE ME HA PERDIDO NADA AHÍ".

rey de majestuosa voz y soberano de la expresión corporal. En él se cumple el dicho de haber cantado como los mismos ángeles, pues cuando todavía era un angelito de 4 años, ingresó al coro infantil de la Iglesia de San Antonio. Cinco años después ganó en Austria un concurso a la mejor voz infantil de Europa, donde fue catalogado como niño prodigio. En 1962 se anotó otro galardón: el de mejor intérprete en el Festival Español de la Canción de Benidorm. A medida que su música comenzó a acaparar las estaciones radiales de España, otros continentes (América, Asia y Europa) se fueron uniendo a esa fiebre llamada "Raphael". El amor también le sonríe y el 14 de julio de 1970 contrajo nupcias con la periodista y escritora Natalia Figueroa, quien siempre apoyó su carrera. Gracias a eso Raphael pudo nutrir una impresionante discografía que incluye más de 300 discos de oro, 49 de platino y el único de uranio entregado en el mundo por ventas de más de 50 millones de copias. Hablar de su repertorio resulta difícil por la gran cantidad de temas que ha colocado en el gusto del público. Quizás entre los más recordados figuran "Yo soy aquél", "Digan lo que digan", "Cuando tú no estás", "Toco madera", "Qué sabe nadie", "Amor mío" y "Somos". La salud del "Niño de Linares", como se le ha llegado a conocer, se puso en riesgo por problemas hepáticos y recibió un trasplante de hígado en el 2003. A los pocos meses ya estaba dando entrevistas, continuó su trabajo en la música e incluso escribió dos libros autobiográficos. El pasado de Raphael es tan brillante como su presente y su mañana despunta igual de iluminador.

ELIS REGINA

MAY 17TH 1945 – JANUARY 19TH 1982 • 17 DE MAYO, 1945 – 19 DE ENERO, 1982

■Although she died at a tragically young age, she is still considered one of the greatest Brazilian singers of all time. Because of a personality that shifted from perfectionism to surprising bursts of anger, other artists as well as the press often referred to her as *pimentinha*, ("little pepper") or *furacão* ("hurricane"), though she staunchly defended herself from any criticism. Elis Regina Carvalho Costa was born in Porto Alegre in 1945. At the age of 12, she began singing on a popular Brazilian children's television show, and a year later she had signed her first record deal, becoming one of the youngest artists the country had ever seen. At 18, the moved to Rio de Janeiro, where her fame began to steadily grow, until coming to a head in 1965. At a pop music festival, she sang a cover of a song by Edu Lobo and Vinícius de Moraes entitled "Arrastão," which garnered her a lot of attention, owing in part to the country's political climate at the time. From there, she went on to become one of the most successful Brazilian artists of all time. By the

"FOR ME, SINGING IS HOLY. EVERYTHING ELSE IS JUST THAT: EVERYTHING ELSE."

seventies, her popularity seemed boundless: every magazine, talk show, and public event begged for her appearance. It was during that time that she and Antonio Carlos Jobim recorded one of the greatest bossa nova albums of all time, entitled *Elis & Tom*. Perhaps owing to her volatile personality or the difficulty in balancing her public and private lives, she was never able to maintain a steady relationship, though she tried many times. In 1965 she married Rolando Boscoli; the subsequent love-hate relationship ended 6 years later, but it gave her a son, João Marcelo. She married again in 1973, this time to the pianist César Camargo Mariano. They had two children together, Pedro and María Rita, but again, the marriage ended, this time after eight years. She was engaged to be married for a third time, to her lawyer Samuel MacDowell, when her 36-year-old body was found lying dead in her own bathroom, the victim of a drug and alcohol overdose. One of Brazil's most powerful voices had fallen, but her legend was just beginning.

■Aunque murió siendo muy joven todavía, se le ha calificado como una de las mejores cantantes brasileñas de todos los tiempos. Debido a su temperamento que deambulaba entre el perfeccionismo y súbitos arranques de ira, sus colegas y la prensa comenzaron a llamarla "Pequeña pimienta" y "Huracán", aunque ella —reacia a cualquier crítica— se defendió siempre. Elis Regina Carvalho Costa nació en

"CANTAR PARA MÍ ES UN SACERDOCIO. LO DEMÁS, ES LO DEMÁS".

Puerto Alegre en 1945. Comenzó a cantar a la edad de 12 años en un show infantil de la televisión brasileña y un año más tarde firmó su primer contrato con una casa discográfica, convirtiéndose en una de las artistas más jóvenes de su país. Cuando tenía 18 años se mudó a Río de Janeiro en donde pronto comenzó a ganar fama hasta que llego al momento cumbre de su carrera en 1965. Allí, en un festival de música popular, cantó el tema "Arrastão", que despertó muchas sensibilidades debido al momento histórico que vivía su país. Desde entonces, y gracias a la forma tan apasionada de interpretarlo, se convirtió en la cantante mejor pagada del Brasil. Para principios de los setenta su popularidad siguió imparable: todas las revistas, los programas de televisión y los mejores espectáculos solicitaban su presencia. Fue por esta época que grabó con Antonio Carlos Jobim uno de los mejores discos de la música popular brasileña, *Elis & Tom*. Quizás en parte por su genio volátil o por las presiones de combinar la fama con la vida de familia no pudo mantener un matrimonio constante, aunque lo intentó varias veces. En 1965 se casó con Rolando Boscoli, pero el matrimonio se caracterizó por ser una relación de amor-odio que terminó seis años después y que la dejó con un hijo (João Marcelo). En 1973 se volvió a casar, esta vez con el pianista César Camargo Mariano, con quien tuvo dos hijos (Pedro y María Rita), pero este matrimonio también terminó ocho años después. Ya estaba a punto de casarse por tercera vez con su abogado Samuel MacDowell, cuando éste la encontró inerte en el baño de su residencia, víctima de una sobredosis de droga y alcohol. A sus 36 años había fallecido una de las voces más poderosas del Brasil, pero su leyenda apenas comenzaba.

CHITA RIVERA

JANUARY 23ND 1933 · 23 DE ENERO, 1933

■ For more than half a century, the name of this actress, singer, and dancer with Puerto Rican roots has been synonymous with quality musical comedy. Actresses like Jennifer López, Salma Hayek, Eva Longoria and Penélope Cruz hadn't even been born yet when Chita Rivera was playing her acclaimed role in *West Side Story* in New York in 1957, and not only was she receiving standing ovations

"MY BODY IS THE SUM OF ALL THE CHOREOGRAPHERS WHO HAVE TRAINED ME."

from diverse crowds, but she also became a great source of pride for all of Latin Americans. She was born on January 23rd, 1933, in Washington DC, and her parents named her Dolores Conchita Figueroa del Rivero. Even since then, she was infected with a passion for performance, inevitable, perhaps, considering that her father played the saxophone and clarinet, and her mother was a dance fanatic. With those influences, she began her first ballet classes at age 11, and by the time she was 16 she had received a scholarship to George Balanchine's prestigious School of American Ballet. Even then, she could already feel the pulse of show business in her veins: "Nothing is quite as marvelous as being able to entertain people," she would later say. Her musical debut was a Broadway production of *Call Me Madam*, but her greatest successes were with *West Side Story*, which she performed in all the way to London, followed by her marriage to the actor Tony Mordente and the birth of their child Lisa. A giant on the screen as well on the stage despite her five foot three inch size, Chita appeared with Shirley MacLaine in the 1969 film *Sweet Charity*, and in 1984 Liza Minelli played the role of her daughter in the musical *The Rink*, for which Rivera was awarded her first Tony. Rivera has worked in some of the most historical, groundbreaking musicals of the second half of the 20th century, from *Bye Bye Birdie* to *Chicago*, and in 2002 she had a cameo appearance in the film version of the latter. Ever irrepressible, she continued dancing well into her seventies, and in 2002, the now-legendary star received a Kennedy Center Honor. In 2006, she released *Chita Rivera: Dancer's Life*, and in early 2008, her show *Chita Loves Broadway Cares* played to star-studded audiences and received several standing ovations.

■ Durante décadas, el nombre de esta actriz, cantante y bailarina de raíces puertorriqueñas ha sido sinónimo de calidad en la comedia musical durante más de medio siglo. Jennifer López, Salma Hayek, Eva Longoria y Penélope Cruz aún no habían nacido cuando Chita Rivera ya representaba su aclamado papel de Anita, en *West Side Story*, en Nueva York, en 1957, y no solamente arrancaba frenéticos aplausos del público de diversas procedencias, de paso se convertía en uno de los máximos orgullos latinoamericanos. Nació el 23 de enero de 1933 en Washington, D.C., y sus padres la llamaron Dolores Conchita Figueroa del Rivero. Desde entonces la contagiaron de su pasión por la música y el baile, ya que su padre tocaba el clarinete y el saxofón, y su madre era una fanática de la danza. Con esa influencia no es de extrañar que a los 11 años tomara sus primeras clases de ballet y a los 16, ganara una beca para la prestigiosa School of American Ballet, de George Balanchine. Ya sentía que el mundo del espectáculo se le clavaba en las venas: "Nada es tan maravilloso como ser capaz de entretener a la gente", diría después. Su debut musical fue en la producción de Broadway, *Call Me Madam*, pero su gran éxito lo logró con *West Side Story*, obra que llevaría hasta Londres, luego del

"MI CUERPO ES LA SUMA TOTAL DE TODOS LOS COREÓGRAFOS QUE ME HAN ENTRENADO".

nacimiento de su hija Lisa, fruto de su matrimonio con el también actor Tony Mordente. Gigante de la escena a pesar de sus 1.61 metros de estatura, en 1969 Chita actuó con Shirley MacLaine en la película *Sweet Charity* y en 1984 Liza Minelli interpretó el papel de su hija en el musical The Rink que le acarreó a Rivera su primer premio Tony. Rivera ha trabajado en algunos de los musicales que hicieron historia en la segunda mitad del siglo pasado, desde *Bye Bye Birdie* hasta *Chicago*, y en el 2002 tuvo un pequeño papel en la cinta sobre este último. Imparable como su espléndido baile a pesar de estar en su séptima década, en el 2002 la legendaria estrella recibió el Kennedy Center Honor. En el 2006 protagonizó la pieza *Chita Rivera: Dancer's Life* sobre su vida y a principios del 2008 sus shows *Chita Loves Broadway Cares* lograron llenos rotundos.

JOSÉ LUIS RODRÍGUEZ
"EL PUMA"

JANUARY 14TH 1943 • 14 DE ENERO, 1943

He was known as the "Luis Miguel" of the eighties, competing for popularity with the other great singers like José José. His fame was such that he was asked to record in Portuguese and Italian in addition to Spanish, and he was encouraged to explore the world of telenovelas. It all began when, in his native Venezuela, he got together with four friends and formed a number of musical groups: first Los Zeppis, followed by Billo's Caracas Boys. They gained a small following, but it wasn't until 1974 that he definitively conquered the public's heart—particularly the female public—thanks to his role on the telenovela *Una muchacha llamada Milagros*, where he played the role of an enigmatic,

"ANY FLIGHT THAT LANDS IS A GOOD ONE."

catlike character named, appropriately enough, "El Puma." And the nickname has stuck with him to this very day. After that came a string of successful telenovelas, including *Cristina Bazán*, for which he also sang the show's theme song, "Voy a perder la cabeza por tu amor." That also led to a string of success, this time in the world of music, with songs like "Pavo real," "Dueño de nada," "Culpable soy yo," "Por si volvieras," and "Voy a conquistarte" among them. Not only did he become one of the most remarkable musical gifts that Venezuela has given the world, his voice also touched the lives of thousands of Latin Americans, many of whom were married to one of his songs. In 2002, he became the first Venezuelan to be honored with a gold star on the Walk of Fame on Miami's Calle Ocho. On a personal note, from 1966 to 1986, he was married to Lila Morillo, with whom he had two daughters, Liliana and Lilibeth, both of whom are now actresses. After that, he married Carolina Pérez, with whom he had another daughter, Génesis, who is also an actress. Most recently, "El Puma" has returned to television, appearing in telenovelas like *Trópico* and the popular *Amas de casa desesperadas*.

Fue el "Luis Miguel" de la década de los ochenta, popularidad que compartió y disputó con otros grandes baladistas de la época como José José. Su fama fue tal que incluso se le solicitó que grabara en portugués e italiano algunas de sus canciones y también se extendió al mundo de

"CUANDO EL VUELO LLEGA, ES PORQUE ESTUVO BIEN".

las telenovelas. Todo comenzó cuando, en su Venezuela natal, se unió a cuatro amigos y formó varios grupos musicales: primero Los Zeppis, después Billo's Caracas Boys. Con ellos logró cierta popularidad, pero no fue hasta 1974 que conquistó definitivamente el corazón del público, sobre todo el femenino, gracias a la telenovela *Una muchacha llamada Milagros*, en donde interpretaba a un personaje enigmático, felino, precisamente llamado "El Puma", de donde tomó el nombre hasta hoy en día. Después vinieron otras telenovelas así de exitosas, como *Cristina Bazán*, en donde además cantaba el tema principal (*Voy a perder la cabeza por tu amor*). Así también tuvo una cadena interminable de éxitos musicales: "Pavo real", "Dueño de nada", "Culpable soy yo", "Por si volvieras" y "Voy a conquistarte". ¡En fin! Que este cantante no sólo se convirtió en una de las máximas glorias musicales que haya dado Venezuela al mundo, sino que también estampó con su voz y presencia la vida de millones de latinoamericanos que se enamoraron e incluso contrajeron nupcias al compás de algunos de sus temas. En el 2002 se convirtió en el primer venezolano con una estrella dorada en el Paseo de La Fama de la Calle Ocho, en Miami. En el plano personal estuvo casado con Lila Morillo de 1966 a 1986, con quien tuvo dos hijas (Liliana y Lilibeth, ambas actrices), y luego con la cubana Carolina Pérez, con quien también tiene una hija, Génesis, que también es actriz. En fechas recientes, El Puma ha regresado de nuevo a la televisión, en otras telenovelas como *Trópico* y la popular serie *Amas de casa desesperadas*.

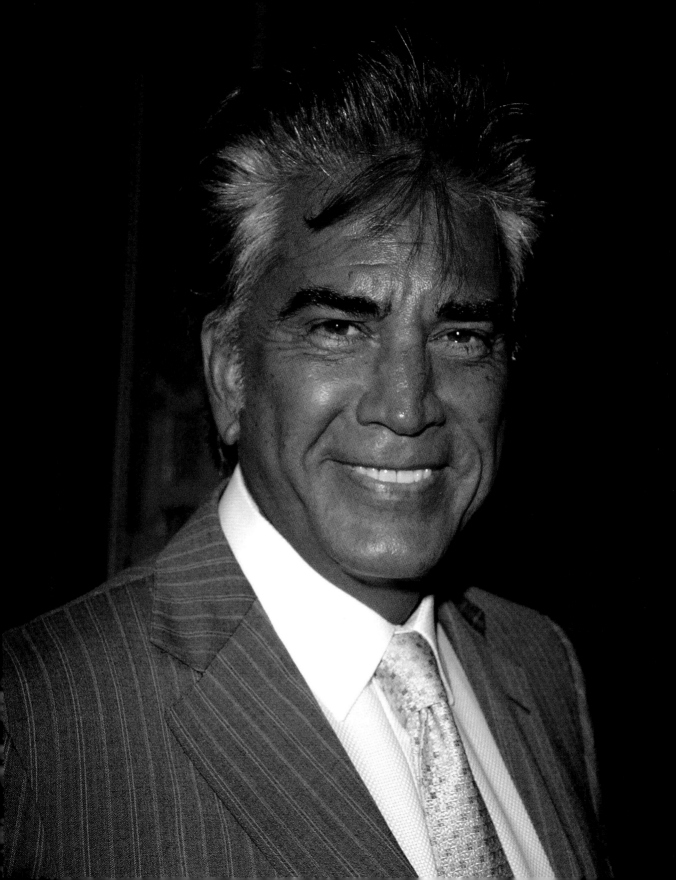

CÉSAR ROMERO

FEBRUARY 15TH 1907 – JANUARY 1ST 1994 • 15 DE FEBRERO, 1907 – 1RO DE ENERO, 1994

■ The unforgettable "Joker" character from the old TV series *Batman* was actually the son of Cuban immigrants. César Romero was born in New York, and by the time he was 20, he had been working as a dancer and had appeared in a number of successful musical comedies on Broadway. Because with his obvious histrionic talents and jovial demeanor, Hollywood began to take notice. But he didn't accept the first on-screen role he was offered, nor did he accept the second. In fact, he turned down a number of roles until his first appearance in 1933's *The Shadow Laughs*. From 1939 to 1941, he starred in the television series *The Cisco Kid*. He also made a name for himself playing the role of the Latin lover in a number of films. Perhaps that's why he had relationships with so many different women, but the truth is that Julio César Romero Jr. never married. In 1966

"THEY SAY THE CAMERA DOESN'T LIE. BUT IT LIES EVERY DAY."

he became a pop culture icon by playing the Joker on the *Batman* series, and he allegedly drove the makeup artists crazy by refusing to shave his moustache for the show, thus forcing them to cover it with a thick layer of makeup. After that series, he appeared in only a few other TV shows, until the mid-eighties when he starred in *Falcon Crest*. Always passionate about work and life, he never lost his wonderful sense of humor, which he often used to jab at the Mecca of the film world: "Well, you know what they say in Hollywood—the most important thing is being sincere, even if you have to fake it."

■ El inolvidable "Joker" o "Guasón" de la popular serie televisiva Batman era hijo de inmigrantes cubanos. Nacido en Nueva York, antes de los 20 años ya trabajaba como bailarín y al poco tiempo ya figuraba en exitosos musicales de Broadway. Para ese entonces, sus enormes habilidades

"DICEN QUE LA CÁMARA NO MIENTE. MIENTE TODOS LOS DÍAS".

histriónicas y su atractivo porte hicieron que Hollywood se interesara en él. Sin embargo, no aceptó a la primera, ni a la segunda oferta, sino que fue después de varias que debutó en la pantalla grande, siendo su primera película *The Shadow Laughs* (1933). De 1939 a 1941 protagonizó la serie *Cisco Kid*. También fue popular por interpretar, con frecuencia, papeles de *latin lover* en diversas películas. Quizás por eso se le asoció sentimentalmente con diversas mujeres, pero la verdad es que Julio César Romero Jr. nunca llegó a casarse. En 1966 se convirtió en un icono de la cultura popular al interpretar al Guasón en la exitosa serie *Batman*. Se dice que hizo sudar la gota gorda a los maquillistas de la serie, pues rehusaba quitarse el bigote, así es que éstos tenían que cubrírselo con maquillaje blanco. Tras esta serie, siguió participando en varios programas de televisión, pero con menos frecuencia, hasta que finalmente de 1985 a 1987 volvimos a verlo en otra serie: *Falcon Crest*. Apasionado del trabajo y de la vida, nunca dejó de tener un fenomenal sentido del humor, el cual lo llevó alguna vez a decir de la meca del cine: "Bueno, ya saben lo que dicen en Hollywood: lo más importante es ser sincero, aunque tengas que fingirlo".

PALOMA
SAN BASILIO

NOVEMBER 22ND 1950 • 22 DE NOVIEMBRE, 1950

■As a child, she loved it when her parents had friends over so that she could perform for them. She enjoyed the arts so much that she began taking dance classes after school. But, when she entered college, she decided to study philosophy and psychology. In 1972, she married Ignacio Gómez Pellico,

> "I RESPECT MY FANS AND THANK THEM DEEPLY FOR THEIR SUPPORT. SOMETIMES I SUGGEST THAT THEY TAKE ADVANTAGE OF THEIR HEARTS AND THEIR PASSIONS AND DO SOMETHING FOR THOSE AROUND THEM, BUT THE CHOICE IS THEIRS."

but they separated shortly thereafter. Following that relationship, she met the businessman Claudio Rey, who became her "friend, companion, and partner" for many years to come. It wasn't until her 25th birthday when she finally sent a demo tape to a record company. Her voice did not go unnoticed, of course, and before long her first album, *Sombras*, was released. In 1980, she played the lead role in the musical *Evita*, and she traveled the world with the cast and crew for a two-year run. But, as often happens in life, she suffered through a number of disappointments, the greatest of which may have been the time she represented Spain in the XXX Festival de Eurovisión in 1985 and failed to even reach the final round. But she continued on undeterred, soaring to new heights after many thought that the party was over for her, releasing hit after hit like "Quiéreme siempre," "Nadie como tú," "Por qué me abandonaste," "Beso a beso," and "Demasiado herida." She also parlayed her musical career into a film career, appearing in such classics as *Víctor, Victoria*, *My Fair Lady*, and *Man of La Mancha*. In 2007, San Basilio released her latest album entitled *Invierno sur*, and in the middle of promoting it she traveled to her native Sevilla to recive one of her most recent honors, the "Flamenca con arte." When asked in a recent interview to sum up her life, she replied, "It's been like a journey, like a sigh."

■De niña le encantaba que sus padres recibieran visitas para poder cantarles el repertorio de sus canciones y bailes. Tanto le gustaba el arte, que después del colegio tomaba clases de danza. Sin embargo, al llegar a la edad universitaria optó por estudiar filosofía y sicología. En 1972 se casó con Ignacio Gómez Pellico, pero se separaron al poco tiempo. Después conocería al empresario Claudio Rey, quien se convirtió en su "compañero, su amigo y su cómplice de muchos años por venir". No fue hasta cumplir los 25 años que la joven envió un demo a una casa discográfica. Su voz no pasó inadvertida y pronto estaba grabando su primer álbum, *Sombras*. En 1980 protagonizó el musical *Evita*, con el que recorrió el mundo por dos años. Pero, ser humano al fin y al cabo, también ha recibido grandes desilusiones.

> "YO RESPETO A LOS FANS Y AGRADEZCO PROFUNDAMENTE SU ENTREGA. A VECES LES ACONSEJO QUE TODA SU CAPACIDAD DE AFECTO LA APROVECHEN PARA ALGO MÁS CERCANO, DE SU ENTORNO. PERO ELLOS ELIGEN LIBREMENTE".

Una de estas fue cuando al representar a su país en el XXX Festival de Eurovisión de 1985 no quedó ni siquiera entre los finalistas. Sin embargo, como un ave poderosa, siempre buscó las alturas aun tras las dificultades. Así fue como el tema "La fiesta terminó" se convirtió en un éxito de ventas, al que se sumarían después "Quiéreme siempre", "Nadie como tú", "Por qué me abandonaste", "Beso a beso", "Demasiado herida" y muchos más de su envidiable discografía. Imparable, ha combinado su carrera musical con la de actriz y ha hecho inolvidables sus participaciones en obras como *Víctor, Victoria*, *My Fair Lady*, *Man of la Mancha*. En el 2007, San Basilio lanzó un nuevo disco, *Invierno sur* y en medio de la promoción viajó a su Sevilla natal para recibir uno de sus premios más recientes, el de "Flamenca con arte". Al reflexionar sobre todo lo vivido y conseguido, recientemente dijo en una entrevista: "Ha sido como un vuelo, como un suspiro".

CARLOS SANTANA

■He was born in the small town of Autlán de Navarro, in Mexico, where his father named him Carlos Augusto Alvés Santana and taught him to play the violin at the age of 6. As a teenager, Santana moved to San Francisco, where his fame

> "I'D LIKE TO THINK THAT ONE DAY A LATIN WOMAN WILL BE PRESIDENT OF THE UNITED STATES. I KNOW THERE IS NO LIMIT TO WHAT WOMEN CAN OBTAIN, BECAUSE I HAVE FOUR SISTERS, TWO DAUGHTERS, AND A MOTHER. AND THE MORE I DO FOR THEM, THE MORE MASCULINE I AM. THE MORE MEN ACT LIKE MACHOS, THE WEAKER THEY ARE."

began to grow bit by bit, eventually leading to a historic performance at Woodstock. With Latin, Black, and White musicians, his band left an indelible mark on the seventies. One after another, he began to rack up tremendous albums, including *Abraxas*, which went quintuple platinum in the United States in 1970. Nearly 30 years later, he released *Supernatural*, and—just as the album title indicates—Santana achieved something highly uncommon: at 52 years of age, he had once again created a mega-successful masterpiece. The album planted itself at the top of the charts for nearly a year, sold 20 million copies, was certified as a diamond record, and won 9 Grammys. In 1996, he was honored with *Billboard* magazine's Century Award, and two years after that he received his star on the Hollywood Walk of Fame, and was inducted into the Rock and Roll Hall of Fame. In addition to his innumerable artistic successes, he has also put his heart and soul into his own nonprofit organization called The Milagro Foundation that provides financial aid for educational, medical, and other needs. He was married only once, to Deborah King; they divorced in 2007 after 34 years of marriage. Now on the verge of his 60th birthday, Carlos still doesn't see retirement anywhere in the near future. "I have always said that age is a relative concept," he explained, "because in your spiritual life, being young or old is not very important. Being an adult and growing old depends a lot on your attitude towards life. The most important thing is to understand that the basic things in life—such as love, charity, God, the spirit of sacrifice, tenderness, and faith— are eternal and that we carry them in our hearts."

■Nació en el pequeño pueblo de Autlán de Navarro, Jalisco, en donde su padre le puso el nombre de Carlos Augusto Alvés Santana y a los 6 años le enseñó a tocar el violín. De adolescente se mudó a San Francisco en donde su fama fue creciendo poco a poco, hasta llevarlo a lo que sería una histórica presentación en el Festival de música de Woodstock. Formado por representantes de diversas etnias, músicos latinos, afroamericanos y blancos, su grupo imponía una presencia singular para los años setenta. Fue entonces cuando, uno tras otro, colocó dos álbumes en la cima de las listas radiales: *Abraxas* y *Santana III*. Casi tres décadas más tarde, grabó *Supernatural* y tal como el nombre del álbum lo indicaba, Santana consiguió algo fuera de lo común: a los 52 años volvía a lanzar un megaéxito musical. El álbum permaneció en los primeros lugares, afianzado, por casi todo

> "QUIERO PENSAR QUE UN DÍA HABRÁ UNA MUJER LATINA EN LA PRESIDENCIA DE ESTADOS UNIDOS. MI IDEA DE LO QUE PUEDEN LOGRAR LAS MUJERES NO TIENE LÍMITES PORQUE TENGO CUATRO HERMANAS, DOS HIJAS Y UNA MADRE. Y ENTRE MÁS LES SIRVO, MÁS MASCULINO SOY. LOS HOMBRES ENTRE MÁS MACHOS SE CREEN, SON MÁS DÉBILES".

el año; vendió 20 millones de copias en el mundo, recibió 14 discos de platino y 9 premios Grammy. En 1996, Santana recibió el Century Award de la revista *Billboard* y dos años más tarde ingresó en el Rock & Roll Hall of Fame y recibió su estrella en el Paseo de la Fama de Hollywood. A la par de sus innumerables éxitos musicales se ha entregado en cuerpo y alma a su fundación benéfica (Milagro Foundation). Sólo ha tenido una esposa, Deborah, de quien se divorció en el 2007 después de 34 años de casados. A la luz de sus sesenta años no visualiza ni de cerca el retiro, pues acaba de decir: "Siempre he dicho que la edad es un concepto muy relativo. Envejecer depende mucho de la actitud que uno tenga. Lo más importante es entender que los elementos básicos de la vida: el amor, la caridad, Dios, el espíritu de sacrificio, la ternura y la fe son eternos y los llevamos en nuestros corazones".

SELENA

APRIL 16TH 1971 – MARCH 31ST 1995 • 16 DE ABRIL, 1971 – 31 DE MARZO, 1995

■ She's known as the Queen of Tejano music for taking the genre to greater heights than any other performer. She was born in Lake Jackson, Texas, on April 16th, 1971, and ever since she was just a little girl she dazzled people with her skills as a performer and with her captivating voice. Which is why, at the tender age of 10, her father, Abraham Quintanilla made her the feature of the family band: Selena y Los Dinos. Her first big success came in 1987 when, at 15, she won Female Entertainer of the Year at the Tejano Music Awards. Despite those early triumphs, Selena always maintained a positive attitude and a humble, good-humored personality. "I never expected it. Never dreamed that I would come this far and I plan to keep that attitude," she affirmed. "The impossible is possible." And by practicing what she preached, her 1990 record *Ven conmigo* became the first Tejano album to go gold, selling over 500,000 copies. In 1992, she married Chris Pérez, one of the musicians in her band who she'd been secretly involved with for some time. Two years later, she won her first Grammy with her album *Selena Live!*, and shortly there after, she reached previously unforeseen heights with *Amor prohibido* (featuring the hit title track, as well as "Bidi bidi bom bom," "Fotos y

> "WHAT'S COOL ABOUT OUR FAMILY IS THAT WE DON'T HOLD GRUDGES AND I THINK THAT'S BEEN THE KEY TO THE SUCCESS. YOU KNOW WE HAVE OUR DISAGREEMENTS BUT WHETHER WE'RE RIGHT OR WRONG WE'LL JUST GO AND APOLOGIZE. THAT'S JUST THE WAY WE ARE."

recuerdos," and "No me queda más"). Huge radio airplay led to a historic February 1995 concert in front of 60,000 fans at the Houston Astrodome. It was, without a doubt, the greatest moment of her young career, and just when she was finally able to enjoy her day in the sun, her associate, Yolanda Saldívar, tragically shot and killed her on March 31st of that same year. A few months after her death, her final album was released. It contained English versions of some of her early hits, and it sold over two million copies in the first two months alone. Clearly, Selena continues to live on in the hearts and ears of people everywhere.

■ Se le llamó la reina de la música tejana porque nadie como ella llevó a este género a su máximo esplendor. Nació en Lake Jackson, Texas, el 16 de abril de 1971 y desde muy pequeña deslumbró por su calidad interpretativa y la garra de su voz. Por eso, a los 10 años su padre, Abraham Quintanilla, la puso al frente de la banda musical de la familia: Selena y Los Dinos. Su primer gran éxito fue en 1987 cuando, a la corta edad de 15 años, ganó el premio como Mejor Vocalista Femenina del Año y también el de Mejor

> "LO BONITO DE MI FAMILIA ES QUE NO GUARDAMOS RENCORES. Y CREO QUE ESA HA SIDO LA CLAVE DE NUESTRO ÉXITO. SÍ, TENEMOS NUESTRAS DIFERENCIAS, PERO SEA QUE TENGAMOS LA RAZÓN O NO, SIEMPRE NOS PEDIMOS DISCULPAS".

Cantante del Año en los Tejano Music Awards. De la mano de su temprano triunfo, Selena se las ingenió para siempre mantener una actitud positiva y una personalidad humilde, jovial, amena. No es de extrañar que afirmara que "con una actitud positiva uno puede alcanzar lo que quiera en la vida" o que "Uno siempre debe pensar que lo imposible es posible". Y como prueba de que practicaba lo que predicaba, en 1990 su disco *Ven conmigo* se convirtió en el primer álbum de música tejana en lograr un disco de oro, es decir vendió medio millón de ejemplares. En 1992 se casó con Chris Pérez, uno de los músicos de su banda, con quien hacía un tiempo mantenía un romance en secreto. Dos años después ganó su primer Grammy por su disco *Selena Live!* Al poco tiempo, su disco *Amor prohibido* la consagraba como una de las grandes, colocando temas como "Amor prohibido", "Bidi bidi bom bom", "Fotos y recuerdos" y "No me queda más" en los primeros lugares de preferencia radial, lo que la llevó a presentar un histórico concierto en el Astrodome de Houston frente a 60,000 personas el mes de febrero de 1995. Estaba, sin duda, en el mejor momento de su carrera y justo cuando comenzaba a saborearlo, Yolanda Saldívar, una colaboradora suya, trágicamente le arrancó la vida de un balazo el 31 de marzo de 1995. Al poco tiempo salió al mercado su último disco. Se trataba de una recopilación de sus primeros temas en inglés que vendió más de dos millones de copias en dos meses. Selena, sin lugar a dudas, aún seguía viva en el gusto y el corazón del pueblo.

JOAN MANUEL SERRAT

DECEMBER 27TH 1943 • 27 DE DICIEMBRE, 1943

▪During his humble upbringing in Barcelona, Joan Manuel Serrat never would have imagined that one day he would be earning awards and honorary degrees from universities and cities all across the globe, or the French government's Commandeur de l'Ordre des Arts et des Lettres. As a child, he studied a variety of things including agriculture, later entered military school, and was about to enter a biology course in Barcelona when he participated in a radio program that made him forget about all other vocations and

"THE TRUTH IS NEVER A SAD THING. IT'S JUST UNCHANGEABLE."

focus himself on the world of music. By the late sixties, he had become one of the top Hispanic singer-songwriters in the world, a reputation which he held through the seventies and eighties with songs like "Fiesta," "Para tu libertad," "Campesino," "La mujer que yo quiero," "Esos locos bajitos," and dozens more that have become fixtures of popular culture. And in particular, his 1971 hit "Mediterráneo" was voted best Spanish song of the past 50 years. His music often addressed the marked political problems that Spain faced in the seventies, making Serrat a symbol of freedom in a country still ruled by Franco, which is also why was forced into exile in 1975. When he returned, he married the model Candela Tifón, who would become his inspiration and his companion throughout his life and career. In 1996, he embarked on a historic tour with Miguel Ríos, Ana Belén, and Victor Manuel, and fans were only too happy to attend. The album itself was also a success in terms of sales. More albums and tours would come, the most recent of which being *Dos pájaros de un tiro* with Joaquin Sabina. As always, Serrat proved to be the best-loved chronicler of times in Spain and Latin America.

▪Mientras se criaba en un humilde hogar de Barcelona, Joan Manuel Serrat jamás hubiera imaginado que llegaría a recibir varios doctorados honoris causa y medallas de honor de las mejores universidades y ciudades del mundo, o incluso que algún día sería nombrado Caballero de la Legión de Honor de la República Francesa. De joven estudió para tornero, también agricultura, pasó por la escuela militar y justo cuando estudiaba biología en Barcelona participó en un programa radial que lo llevó a olvidar sus otras vocaciones y a concentrarse en el mundo de la música. Se convirtió en uno de los mejores poetas de la canción hispanoamericana a finales de los años sesenta y todos los setenta y ochenta, con temas como "Fiesta", "Para tu libertad", "Campesino", "La mujer que yo quiero", "Esos locos bajitos" y tantos otros que se clavaron en la mente y el gusto popular. En sí, su "Mediterráneo" ha sido votada como la mejor canción española de los últimos 50 años. Por sus canciones y por la valentía con la que se manifestó frente a los diversos problemas políticos que vivió España en los años setenta,

"NUNCA ES TRISTE LA VERDAD, LO QUE NO TIENE ES REMEDIO".

Serrat se convirtió en un símbolo de la libertad de su país y precisamente por eso tuvo que salir exiliado en 1975. Cuando regresó, se casó con la modelo Candela Tifón, quien llegó a ser su máxima musa y compañera por el resto de su recorrido por los escenarios del mundo y las experiencias de la vida. En 1996, realiza una histórica gira junto a Miguel Ríos, Ana Belén y Víctor Manuel, *El gusto es nuestro*, en la que congregan multitudinarias masas. El disco grabado a continuación es también un éxito de ventas. Vinieron más discos y más giras, siendo la más reciente junto a Joaquín Sabina (*Dos pájaros de un tiro*), en la cual como siempre se destaca como el cronista del tiempo más querido por España y América Latina.

NINÓN SEVILLA

NOVEMBER 10TH 1921 • 10 DE NOVIEMBRE, 1921

■ The so-called Queen of the Rumberas got her start in the cabarets of her native Cuba before moving to Mexico at the age of 25. There, she would become an immortal part of Mexican cinema, thanks to films such as *Aventurera*, *Las noches del Blanquita*, and *Club de señoritas*, among others. "I am from Cuba, but I'm also a part of Mexico's film heritage," she once proudly stated, adding that it was in her adoptive homeland that she learned one of her most important professional lessons: "whatever you do, do it well." Her full name was Emelia Pérez Castellanos, but to the world she was synonymous with sensuality, eroticism, and feline beauty. It almost seemed as if each and every one of her dances, movements, words, or gestures were tinged with

> "I AM FROM CUBA, BUT I'M ALSO A PART OF MEXICO'S FILM HERITAGE. IT'S WHERE I LEARNED THAT WHATEVER YOU DO, DO IT WELL. HERE, IT'S ALL ABOUT FINDING THE TRUTH IN YOURSELF. NOTHING ELSE."

passion and beauty, and she was always dressed in exotic clothing, coquettish heels, and lavish hairstyles. She was also the first cabaret star to included traditional Santería rites into her choreography, which of course lent a huge note of originality to her dancing. It also may well have helped her to reach beyond the Spanish-speaking market, as she began to gain fame in both Brazil and France. The sheer joy she got from dancing was perhaps best described by the great François Truffaut, who famously said, "Is Ninón dancing for glory? No way, never. It is quite clear Ninón is dancing for pleasure!" Unfortunately, the great boom in Mexican film ended in the fifties, which helped to bring about the retirement of one of the greatest dancers Latin America has ever seen. Three decades later, she would appear in the film *Noche de carnaval*, which captivated critics and audiences alike, earning her an Ariel, Mexico's equivalent of the Oscar.

■ La llamada reina máxima de las rumberas rigió primero en los cabarets de su Cuba natal para inmigrar a los 25 años a México, y luego en el cine mexicano, en donde se inmortalizó gracias a películas como *Aventurera*, *Las noches del Blanquita y Club de señoritas*. "Soy de Cuba, pero también formo parte del patrimonio fílmico de México",

> "SOY DE CUBA PERO TAMBIÉN FORMO PARTE DEL PATRIMONIO FÍLMICO DE MÉXICO, DONDE HE APRENDIDO QUE EL OFICIO QUE SE HAGA, HÁGASE BIEN. AQUÍ SE TRATA DE BUSCAR ENTRE MUCHOS LA VERDAD. NADA MÁS".

comentaría orgullosamente alguna vez, agregando que en esta segunda patria había aprendido una de sus mayores lecciones profesionales: "Que el oficio que se haga, hágase bien". Se llamaba Emelia Pérez Castellanos, y para el mundo fue sinónimo de sensualidad, erotismo y belleza felina. Es que tal parecía que cada uno de sus bailes, movimientos, palabras o ademanes estaban pincelados con su pasión y coronados con sus excéntricos vestuarios, coquetos zapatos y exorbitantes peinados. Fue la primera vedette en incluir ritos de santería en sus osados bailes, lo que marcó sus coreografías de una obvia originalidad. Quizás por eso su arte traspasó el mercado de habla hispana y llegó lo mismo a Brasil que a Francia. El placer que derivaba de su profesión era tan evidente, que el director Francés François Truffaut llegó a decir: "¿Baila Ninón por la fama? Nunca, de ninguna manera. ¡Es obvio que Ninón danza por placer!". Lamentablemente, el boom del cine mexicano cayó al final de los años cincuenta, provocando el retiro de una de las mejores bailarinas que haya tenido América Latina. Tres décadas después se le pudo ver en el filme *Noche de carnaval*, en donde cautivó a la crítica y recibió el premio Ariel, equivalente al Oscar en México.

SHAKIRA

FEBRUARY 2ND 1977 · 2 DE FEBRERO, 1977

■ She is the youngest legend to appear in this book, in part because she was one of those singers whose talent had a very immediate impact on the world. She was so precocious that you can almost say that she began singing before she could walk, and that she began composing her first few lines of music as soon as she started to scribble. At 7, she was a member of a belly dancing troupe, and at 8 she had written her first song, "Tus gafas oscuras," which she dedicated to her father. Such talent couldn't remain hidden for long, and soon enough an executive at Sony Music signed this young starlet to her first record deal at the age of 13. But her big

> "I WOULD BE LYING IF I SAID I AM THE SAME AS I WAS THREE YEARS AGO, OR EVEN TEN MINUTES AGO. I'M A HUMAN BEING, OPEN TO CHANGE AND METAMORPHOSIS."

breakthrough came in 1995 when her album *Pies descalzos* became a resounding smash hit. In 2001, *Laundry Service* catapulted her to worldwide stardom. In 2005, she released two CDs—*Fijación oral Vol. 1* and *Oral Fixation Vol. 2*—both of which went on to set unprecedented records for record sales, concert attendance, and awards won. The success of this young woman is such that the United World Chart named her the fourth most famous artist of the new millennium. And it's important to note that she's used her fame and fortune to better the world around her, with her foundation Pies Descalzos which benefits children in her native Colombia. And at the 2007 Clinton Global Initiative, Shakira's latest charity, the ALAS Foundation (America Latina en Accion Solidaria), donated a massive $40 million to help the victims of natural disasters. But the best of all is that, throughout her professional and philanthropic career, she has always welcomed the warm embrace of her family, her friends, and her fiancée Antonio de la Rúa, whom she has been with since 2000. All this goes to show that—while this star is able to shine upon all things—her feet remain firmly planted on the ground.

■ Shakira es la leyenda más joven que aparece en este libro, quizás porque también ha sido una de las cantautoras que más temprano impactó con su talento. Sus múltiples dotes comenzaron a desarrollarse tan precozmente, que bien podría decirse que cantó antes de hablar, bailó antes

> "MENTIRÍA SI DIJERA QUE SOY LA MISMA HACE TRES AÑOS O HACE DIEZ MINUTOS. SOY UN SER HUMANO ABIERTO AL CAMBIO Y A LA METAMORFOSIS".

de aprender a caminar y compuso sus primeros versos casi al mismo tiempo que aprendía a escribir. A los 7 años ya era parte de un grupo de danza de vientre y a los 8 ya había compuesto su primera canción, "Tus gafas oscuras", dedicada a su padre. Tanto talento no podía pasar desapercibido, pronto un ejecutivo de Sony Music supo de esta precoz cantautora, y a los 13 años le ofreció su primer contrato. Pero sus mayores alegrías despuntaron en 1995, cuando su disco *Pies descalzos* fue un exitazo rotundo y la sacó de Colombia al mundo. En el 2001, con *Laundry Service*, su fama se catapultó mundialmente. A mediados del 2000 sus discos *Fijación oral* y *Oral Fixation* se anotaron nuevos récords, al punto que resulta imposible resumir aquí la cantidad de honores, premios y conquistas acumuladas por esta joven. Su éxito es tal que de acuerdo a la United World Chart es la cuarta artista más famosa de los años 2000. Importante es destacar que ha aprovechado su fama y fortuna para hacer el bien y no sólo estableció su fundación Pies descalzos en pro de la niñez colombiana, sino que reunió a un grupo de colegas, multimillonarios y organismos internacionales para que lucharan en contra de la marginación de la niñez y establecieran ALAS (Fundación América Latina en Acción Solidaria). Lo mejor de todo es que en su travesía profesional y filantrópica, no ha abandonado el brazo amoroso de sus padres, sus hermanos y su novio, Antonio de la Rúa (con quien forma pareja desde el 2000), lo que demuestra que esta es una estrella que ilumina a todos, pero con los pies bien firmes en la tierra.

MARCO ANTONIO SOLÍS
"EL BUKI"

DECEMBER 29TH 1959 • 29 DE DICIEMBRE, 1959

■He is, without a doubt, one of the best singer-songwriters of all time when it comes to expressing the true texture of love. Ever since he first gained recognition as the leader of the group Los Bukis, Marco Antonio Solís has maintained his image: his beard and his long mane of hair have become two of his most identifiable characteristics. What's also been present throughout the years has been his creative genius which has led him to compose and perform ballads, cumbias, and rancheras, many of which have come to be

"THE RIGHT WORDS MUST BE THERE ON THE TIP OF YOUR TONGUE. IF YOU TRULY ARE IN LOVE, YOU'LL NEVER SOUND BANAL."

considered classics of Mexican popular music. He was born on December 29th, 1959, in a tiny Mexican town in the state of Michoacán, and began his musical career at the age of 12 by singing with his cousin Joel, who accompanied him on guitar. Together, they wrote one of the most important chapters in the history of musical groups when they added a few new members, and formed Los Bukis (an indigenous word for "young people"). They started out by singing covers, but soon Marco Antonio realized that they could write music about the situations and sentiments of daily life. In late 1982, they received their first Grammy nomination for their album *Yo te necesito*. Three years later they released their song "Tu cárcel," which became one of their most famous hits, selling over 1.5 million copies. In 1988 they had another mega hit, "Cómo fui a enamorarme de ti," which garnered a good deal of popular and critical acclaim, and made Marco Antonio into a highly sought-after composers. Eventually, Los Bukis broke up and, in 1996, Marco Antonio Solís launched his solo career with the song "En pleno vuelo." In 1999, his album *Trozos de mi alma* solidified his status as one of music's biggest stars. This proud, unstoppable Mexican singer proves, with every song he writes, that he was born to represent the people's feelings. He currently lives with his second wife, Cristian, who has certainly brought out the best in him when it comes to his career and his collection of gold and platinum records.

■Es sin duda uno de los cantautores que con más exactitud ha logrado expresar y vestir el amor. Desde que se dio a conocer como líder del grupo Los Bukis, Marco Antonio Solís no ha cambiado su imagen: su barba y larga melena ya son dos de sus rasgos más característicos. Omnipresente también ha estado ese genio creativo que lo ha colocado como un gran intérprete y compositor de baladas, cumbias y canciones rancheras, muchas de ellas consideradas clásicos de la música popular mexicana. Nació el 29 de diciembre de 1959 en una pequeña ciudad mexicana en el estado de Michoacán. Con tan sólo 12 años inició su carrera musical cantando junto a su primo Joel, quien lo acompañaba en la guitarra. Juntos escribieron uno de los capítulos más importantes de la historia de la onda grupera, cuando sumaron otros integrantes a su proyecto musical y formaron Los Bukis (el nombre significa "jóvenes" en lenguaje indígena mexicano). En un principio empezaron cantando *covers*, pero pronto Marco Antonio descubrió que podía vestir de

"LA FRASE CORRECTA DEBE ESTAR EN LA PUNTA DE TU LENGUA. SI EN VERDAD ESTÁS ENAMORADO, NUNCA SONARÁ BANAL".

palabras y música situaciones, eventos y sentimientos de la vida diaria. A finales de 1982 recibió su primera nominación al Grammy por el disco *Yo te necesito*. Tres años después nació la canción "Tu cárcel", una de las más famosas del grupo, que vendió más de un millón y medio de copias. En 1988 surgió otro megahit, "Cómo fui a enamorarme de ti", el cual cosechó innumerables triunfos y convirtió a Marco Antonio en uno de los más solicitados compositores. Más tarde, Los Bukis se desintegró y en 1996 Marco Antonio Solís se lanzó como solista con el disco *En pleno vuelo*. En 1999, su álbum *Trozos de mi alma* consolidó su poderío entre los gigantes de la música. Imparable, este orgullo mexicano demuestra en cada canción que compone o graba que nació para representar el sentimiento popular. Actualmente vive con su segunda esposa, Cristian, en quien ciertamente ha encontrado la mejor de las musas para seguir creando y coleccionando premios, discos de oro y de platino.

MERCEDES SOSA

JULY 9TH 1935 • 9 DE JULIO, 1935

■Words simply cannot describe the marvelous vocal tessitura of Mercedes Sosa, or "La Negra," as she was often called, owing to her long black hair. Haydée Mercedes Sosa was born into humble beginnings in San Miguel de Tucumán, in Argentina's northwestern province, on July 9th, 1935, where the young artist's Quechua roots led her to learn traditional folk dances. At 15, and using the stage name Gladys Osorio, she was awarded a two-month contract to sing on the radio, which she soon extended into the better part of a decade. In the early sixties, along with her first husband, the musician Manuel Oscar Matus, she found the path by which her career would finally take off, joining a new type of musical movement dedicated to writing simple songs about the daily life of the Argentine people, with all of the related joys and pains. In 1966 she recorded *Yo no canto por cantar*, and a few years after that, she embarked on her first international tour. In 1970, she released a transcendental album, *El grito de la tierra*, which was the first of several to feature deep social and political content. Her music was then quickly censored by

"CENSORSHIP OF ANY KIND IS DANGEROUS BECAUSE IT HINDERS A PEOPLE'S CULTURAL DEVELOPMENT."

Argentina's military dictatorship, and she was forced into exile, first to Paris and later on to Madrid. In 1982, when democracy had returned to Argentina, Sosa returned as well, performing a series of concerts at the Teatro Opera de Buenos Aires, which was later released as a live record, titled *En vivo, Mercedes Sosa en Argentina*, a huge hit not only in Latin America but around the world. It was then that she was given her second nickname: "The Voice of America." It was a richly deserved one, for she united two generations of fans who admired her mastery of several genres, including folk, tango, pop, and rock. Her discography includes some 40 records, along with various compilations and collaborations such stars as Silvio Rodríguez, Pablo Milanés, Milton Nascimento, Caetano Veloso, Atahualpa Yupanqui, Charly García, Fito Páez, León Gieco, Alberto Cortez, and more. Today, she is still an iconic figure in the world of Latin music, as well as being a UNESCO Goodwill Ambassador for Latin America and the Caribbean.

■En palabras resulta imposible describir la maravillosa tesitura de voz de Mercedes Sosa, o la Negra, como se le ha llegado a conocer. De cuna humilde, Haydée Mercedes Sosa nació en San Miguel de Tucumán, Argentina, el 9 de julio de 1935. Arraigada a sus raíces quechuas, en su juventud

"TODA CENSURA ES PELIGROSA PORQUE DETIENE EL DESARROLLO CULTURAL DE UN PUEBLO".

se dedicó a enseñar danzas folklóricas. A los 15 años, bajo el seudónimo de Gladys Osorio, ganó un contrato para cantar durante dos meses en radio y de ahí en adelante, por más de media década, no ha dejado de hacerlo. A principios de los años sesenta, junto a su primer esposo, el músico Manuel Oscar Matus, encontró el canal para que su carrera levantara vuelo: se integró al movimiento del nuevo cancionero, que pretendía reflejar, de manera sencilla, la vida cotidiana del hombre argentino, con sus alegrías y tristezas. En 1966 editó *Yo no canto por cantar* y unos años después realizó su primera gira internacional. En la década de los años setenta sacó un disco trascendental: *El grito de la tierra*, sucedido por una serie de otros más cargados de hondo contenido social y político. Pronto su música fue censurada por la dictadura militar argentina, lo cual la obligó a exiliarse, primero en París y después en Madrid. En 1982, cuando la democracia celebró su regreso a Argentina, ella volvió triunfante con una serie de conciertos en el Teatro Ópera de Buenos Aires, del cual salió el disco *En vivo, Mercedes Sosa en Argentina*, que fue un éxito inmediato en todo el continente y más allá de él. Ahí surgió su nuevo nombre: "La voz de América". Título sumamente merecido, pues ya reunía a dos generaciones de fanáticos que admiraban su garra interpretativa en múltiples géneros: desde el folklórico y la nueva canción hasta el tango, e incluso el pop y rock. Su discografía abarca alrededor de 40 discos además de colaboraciones y algunas compilaciones en las que ha incluido temas de compositores de la talla de Silvio Rodríguez, Pablo Milanés, Milton Nascimento, Caetano Veloso, Atahualpa Yupanqui, Charly García, Fito Páez, León Gieco, Alberto Cortez. Hoy en día sigue siendo uno de los íconos más rotundos en la historia de la música latina, además de ser una Embajadora de buena voluntad de la UNESCO.

THALÍA

AUGUST 26TH 1971 • 26 DE AGOSTO, 1971

■ Ariadna Thalía Sodi Miranda was already a member of the kids group Din Din at the age of 10, and in 1986 she replaced Sasha Barroso in the popular band Timbiriche, where she performed alongside Paulina Rubio. Still, though, her greatest success has come in the world of telenovelas, where she starred in the famous Maria trilogy: *María*

> "I DON'T LOOK TO SHAKIRA FOR AN EXAMPLE, BUT I KNOW THAT THE BETTER SHE DOES, THE BETTER IT IS FOR ME . . . THE MORE LATINOS SUCCEED MEANS MORE EYES ARE GOING TO BE WATCHING WHAT WE DO IN LATIN AMERICA."

Mercedes, María la del barrio, and *Marimar*, a role which earned her the title of "Queen of Mexican Telenovelas." Her TV popularity pushed her career as a solo artist as well, and in 2000 her song "Entre el mar y una estrella" #1 hit on the *Billboard* Hot Tracks list. Two years later, her eponymous album *Thalía* topped the lists in several prestigious magazines. Also a savvy businesswoman, she launched her own line of clothes, candies and chocolates. Her personal life has not been free of controversy: after her sisters Laura Zapata and Ernestina Sodi were kidnapped in Mexico City in 2002, her family has become more and more distant. Luckily, throughout the ups and downs of her career, she has been able to count on the love and support of music producer Tommy Mottola, whom she married on December 2nd, 2002, in a stunning ceremony at New York's Saint Patrick's Cathedral.

■ Ariadna Thalía Sodi Miranda ya era parte del grupo infantil *Din Din* a los 10 años y en 1986 reemplazó a Sasha Barroso en la popular banda juvenil Timbiriche, donde fue compañera de Paulina Rubio. No obstante, su mayor éxito lo ha logrado en las telenovelas, en donde protagonizó una famosa trilogía de las Marías: *María Mercedes, María la del barrio* y *Marimar*, con la cual se ganó el título de "reina de las telenovelas mexicanas". Su popularidad en la televisión impulsó poco a poco su carrera como solista y en el año 2000, uno de sus temas "Entre el mar y una estrella", llegó a la casilla número 1 de la lista Hot Tracks de la revista *Billboard*. Dos años después, su álbum *Thalía* llegó a ocupar la primera casilla de los álbumes latinos más vendidos en la lista de esa prestigiosa revista. Camaleónica, también incursionó en el mundo de los negocios y lanzó su propia línea de ropa, dulces y chocolates. Su vida familiar no ha

> "NO TENGO A SHAKIRA COMO MODELO A SEGUIR, PERO SÉ QUE MIENTRAS MEJOR LE VAYA A ELLA MEJOR ME VA A IR A MÍ . . . MIENTRAS MÁS LATINOS TRIUNFEN, MÁS OJOS VAN A ESTAR PENDIENTES DE LO QUE HAGAMOS EN LATINOAMÉRICA".

estado libre de controversias, pues tras el secuestro de sus hermanas, Ernestina Sodi y la actriz Laura Zapata, su familia ha vivido un distanciamiento que ha llegado a matices de escándalo. Felizmente, tanto en su carrera como en su vida personal ha contado con el apoyo de su esposo, el empresario musical Tommy Mottola, con quien se casó el 2 de diciembre del 2002, en lo que ha sido una de las bodas más espectaculares que haya visto el mundo del entretenimiento.

GERMÁN VALDÉS
"TIN TAN"

SEPTEMBER 19TH 1915 – JUNE 29TH 1973 • 19 DE SEPTIEMBRE, 1915 – 29 DE JUNIO, 1973

■It's almost as if he never died, because now—more than 30 years after he passed away—Latin America still can't stop talking about him. Just in the last five years we've seen a tribute record (entitled *Viva Tin Tan*), a documentary on his life (*Ni muy muy, ni tan tan, simplemente Tin Tan*), a statue erected in his honor, and a biography (*La historia inédita de Tin Tan*) written by his daughter. Germán Genaro Cipriano Gómez Valdés Castillo, also known as Tin Tan, was able to establish this special relationship with later generations in part because he could be considered one of the architects of Spanglish, given that many of his shows

"THE KIDS CALL ME TIN TAN, BECAUSE ALL THAT'S IN ME IS MUSIC."

and films frequently used quick-cutting fusions of the two languages. He personified and popularized the image of the Pachuco: young Mexican-Americans who lived between the thirties and fifties. He was a musician, a singer, a dancer, a comedian, and an actor…a true showman who appeared in over 100 films and dubbed three for Walt Disney Studios. One of the most important entertainers Mexico has ever had, Tin Tan grew up in Ciudad Juárez and worked as a radio announcer. Soon, he was appearing in local nightclubs, and he hooked up with the comedian Marcelo Chávez, forming an excellent two-man team. They were met with success at every venue they appeared, and soon enough they would find success on TV as well. On a personal note, we know that humor ran in his family, since two of his brothers were also comedians: Manuel "El loco" Valdés and Ramón Valdés, a.k.a. Don Ramón of *El Chavo del Ocho*. A dedicated romantic, he married three times. He had many friends, and was generous with all of them, but especially with himself: it's been said that he owned three yachts, and that he bought himself a new Cadillac every year. He shared and enjoyed everything that he earned, which is why he died with little money in the bank, but with the love of millions of Latin Americans.

■Es como si nunca hubiera muerto, pues ni tres décadas después de su deceso, América Latina no ha dejado de hablar de él. Nada más en los últimos cinco años, salió a la

"LOS MUCHACHOS ME DICEN TIN TAN PORQUE TODO EN MÍ ES MÚSICA".

venta un nuevo disco en homenaje a él y su música (*Viva Tin Tan*), se hizo un documental sobre su vida (*Ni muy muy, ni tan tan, simplemente Tin Tan*), se develó una estatua en su honor y su hija Rosalía Valdés publicó su biografía (*La historia inédita de Tin Tan*). Germán Genaro Cipriano Gómez Valdés Castillo, alias Tin Tan, logró esa conexión insólita con las nuevas generaciones pues fue el precursor del *spanglish*, ya que en sus películas y presentaciones con frecuencia hacía aguzadas fusiones de ambos idiomas. Lo logró personificando y popularizando la imagen del pachucho (los jóvenes mexicoamericanos en la década de los años treinta, cuarenta y cincuenta). Fue músico, cantante, bailarín, comediante y actor, todo un *showman* que hizo más de 100 películas y dobló tres para los estudios de Walt Disney. Uno de los comediantes más importantes que haya tenido México, creció en Ciudad Juárez, en donde trabajó como locutor en una radio. Allí su talento despertó el interés de un empresario. Pronto estaba actuando en centros nocturnos y conoció al comediante Marcelo Chávez, con quien hizo una excelente mancuerna. Cosecharon éxitos en los lugares donde se presentaban, y posteriormente en la televisión también. En el plano personal, se sabe que el buen sentido del humor corre dentro de su familia, pues dos de sus hermanos fueron comediantes famosos (Manuel "El loco" Valdés y Ramón Valdés: Don Ramón en *El Chavo del Ocho*). Era un romántico empedernido. De allí que se casara tres veces. Amigo de muchas personas, fue generoso con todo el que pudo, especialmente con los cercanos a él y con él mismo, pues se dice que llegó a tener tres yates y a estrenar cada año un Cadillac diferente. Repartió y disfrutó todo lo que ganaba, así que murió sin mucho dinero, pero con el amor de millones de latinoamericanos.

CHAVELA VARGAS

APRIL 17TH 1919 • 17 DE ABRIL, 1919

■ At 88 years of age, this controversial Costa Rica–born Mexican artist is a survivor of harsh battles with alcoholism, a sexist society, and the prevailing theory that you have to be young in order to be successful. Isabel Vargas

"IF THERE HAD BEEN A SECOND SPANISH INQUISITION, THEY WOULD HAVE SENT ME THERE."

Lizano was born in the Costa Rican town of San Joaquín de Flores, but at 14 years of age she immigrated to Mexico, where she hoped to break into the music industry using the only weapon she had: her raspy, sultry voice, which would eventually become her personal trademark. It wasn't until she was well into her thirties that she was able to turn professional; before that, she spent many years singing on the streets. And it wasn't until 1961—when Vargas was then in her forties—that she finally released the first of her 80-some albums, which was backed by the acclaimed composer José Alfredo Jiménez, with whom she reportedly had many tequila-filled bashes. A friend of Diego Rivera and Frida Kahlo, often dressing in men's clothes and never without her instantly recognizable red poncho, she was a figure in both American and Europe until the seventies, when her alcoholism forced her into retirement. Often criticized for her way of life, Vargas was the first female artist to sing love songs to a woman, as she did in her melodic "Macorina." She also performed her own renditions of classics such as "Cruz de olvido," "El último trago," and "La llorona." In 1994, Joaquín Sabina composed a version of "Por el bulevar de los sueños rotos" for her and Pedro Almodóvar invited her to record a song for his film *High Heels*. Chavela saw the demand for her music grow even more after her appearance in the 2002 film *Frida* starring Salma Hayek. She was 81 years old when she came out as a lesbian, saying that she had never been with a man. She had lived a solitary life, saying "I was born into solitude. I prefer being alone and penniless to being tied down."

■ A los 88 años, esta polémica leyenda de la música mexicana nacida en Costa Rica es una sobreviviente de duras batallas contra el alcoholismo, una sociedad machista y aquellas reglas que predican que para triunfar hay que ser joven. Isabel Vargas Lizano nació en San Joaquín de Flores, Costa Rica, pero a los 14 años emigró a México para abrirse paso en la música y para ello contaba con sólo un arma: una áspera voz que, con el tiempo, llegaría a ser su sello distintivo. No fue sino hasta su tercera década que se volvió profesional y antes de eso tuvo que pasar muchos años cantando en las calles. En 1961, cuando ya pasaba los

"SI HUBIERA HABIDO INQUISICIÓN, ME MANDAN PARA ALLÁ".

cuarenta, lanzó el primero de más de 80 álbumes, respaldada por el afamado compositor José Alfredo Jiménez, con quien reconoce haberse corrido legendarias parrandas con tequila. Amiga de Diego Rivera y Frida Kahlo, ataviada con ropas masculinas y su inconfundible poncho rojo, la artista fue una figura en América y Europa hasta finales de los años setenta, cuando su afición a la bebida la retiró del escenario. Criticada por su forma de vida, Vargas fue la primera artista que cantó a una mujer temas de amor como la melodía "Macorina". En su voz se convirtieron también en clásicas, canciones como "Cruz de olvido", "El último trago" y "La llorona". Joaquín Sabina le compuso el tema "Por el bulevar de los sueños rotos" y Pedro Almodóvar le pidió que grabara una melodía para su película *Tacones lejanos*. Chavela vio crecer aún más la demanda por su arte tras su aparición en el 2002 en la cinta *Frida*, que estelarizó la mexicana Salma Hayek. Tenía 81 años cuando reconoció que era lesbiana y que nunca tuvo relaciones con un hombre. Ha vivido una vida solitaria, de la cual ha dicho: "Nací con la soledad. Prefiero estar sola y no tener dinero que estar atada".

PEDRO VARGAS

APRIL 29TH 1906 – OCTOBER 30TH 1989 • 29 DE ABRIL, 1906 – 30 DE OCTUBRE, 1989

■ He was known as "The Samurai Singer," because when he sang he would keep his body perfectly still. Despite having one of the most powerful voices in all of Latin American music, "The Tenor of the Americas" (as he was also called), Pedro Vargas showed almost no emotion during any of his

> "AN ARTIST CAN NEVER LOSE SIGHT OF WHO'S IN CHARGE, WHO GIVES THE ORDERS, WHO'S IN CONTROL. IT'S THE PUBLIC: FROM THE RICHEST TO THE POOREST, FROM THE OLDEST TO THE YOUNGEST OF THEM. AND IN THIS LIFE, THERE'S ONLY ONE THING THAT MATTERS: WHEN YOU SING, YOU MUST ALWAYS BE THINKING ABOUT THE PUBLIC, ABOUT TRULY GIVING THEM EVERYTHING YOU HAVE."

performances. And at the height of his fame, he explained why: "People who make faces when they sing are not artists and they have no taste. Instead of respecting the song, they ridicule it." It's said that even before he became one of the most idolized romantic singers in 20th century Mexico, he inspired people to attend mass because as a child he sang at his neighborhood church. Pedro Vargas Mata was born into a large, poor family in the Mexican state of Guanajuato. He moved to Mexico City at a young age, and it was there that he won a scholarship to attend a prep school because of his talents as a singer. During his professional career, which spanned six decades, Pedro Vargas dabbled in every genre of popular music, appeared in over 70 films, and appeared opposite other stars such as Jorge Negrete, Lola Beltrán, Libertad Lamarque, Armando Manzanero, and his friend, Agustín Lara, with whom he released some of his best records. Perfect for singing boleros, his voice immortalized such songs as "Solamente una vez," "Mujer," "Noche de ronda," and "Nocturnal," in the U.S. as well as Spain. With grace and humility, the Mexican star performed for presidents across the globe, including Franklin Delano Roosevelt, who invited him to the White House as a guest. He was married only once, to Teresa Campos. When recalling his life, Pedro Vargas expressed both surprise at the power his voice has had across the world, and affirmed that it was divine gift granted to him by God.

■ Se le llamaba "El samurai de la canción", pues al cantar solía quedarse quieto sin hacer ningún gesto. Es que, a pesar de tener una de las voces más potentes que ha tenido la canción latinoamericana, el "tenor continental", Pedro Vargas, no mostraba mayor gesticulación al interpretarlas. Y en la cúspide de la fama, explicaría el porqué: "El que hace mucha mueca ni es artista ni tiene buen gusto. En vez de darle ímpetu a la canción, la ridiculiza". Dicen que incluso antes de establecerse como uno de los mayores ídolos de la canción romántica mexicana del siglo XX, ya hacía que hasta el menos devoto quisiera ir a misa con tal de escucharlo, pues de niño cantaba en la iglesia de su barrio. Pedro Vargas Mata nació en el seno de una numerosa y pobre familia del estado mexicano de Guanajuato. De joven se fue a estudiar a Ciudad de México, allí se ganó una beca para estudiar la preparatoria gracias a su talento al cantar. En su carrera profesional, que se extendió seis décadas, Pedro Vargas incursionó en todos los géneros de la música popular, actuó en más de 70 películas y alternó junto a otros astros como Jorge Negrete, Lola Beltrán, Libertad Lamarque, Armando

> "EL ARTISTA NO PUEDE PERDER DE VISTA QUE QUIEN MANDA, ORDENA, EL QUE COLOCA, ES EL PÚBLICO; DESDE LOS MÁS POBRES HASTA LOS MÁS RICOS; DE LOS MÁS JÓVENES HASTA LOS DE MÁS EDAD. EN ESTA VIDA NO HAY MÁS QUE UNA COSA: CANTAR PENSANDO EN EL PÚBLICO… ENTREGANDO LO QUE UNO TIENE, CON TODA SINCERIDAD".

Manzanero y su compadre Agustín Lara, de quien estrenó algunas de sus mejores composiciones. Perfecta para el bolero, su voz inmortalizó éxitos como "Solamente una vez", "Mujer", "Noche de ronda" y "Nocturnal", tanto en América Latina como en España. De trato sencillo y sin aires de estrella, el artista mexicano actuó para presidentes de varios países del hemisferio, entre ellos Franklin D. Roosevelt, ante quien se presentó en la Casa Blanca. Estuvo casado solamente una vez, con Teresa Campos. Al hacer un recuento de su vida alguna vez mostró su sorpresa por la fuerza de su voz, y afirmó que era un don divino que Dios le había dado.

RAÚL
VELASCO

■The power and influence which this star wielded was so great that any musician who wanted to succeed in Latin America had to appear on *Siempre en domingo*, the program

"I HAVE A BAD MEMORY FOR BAD THINGS."

he's hosted for almost 30 years. Born in Guanajuato, Mexico, Raúl Velasco Ramírez worked at the family store, "La Violeta," until he was 20, at which point he moved to Mexico City to pursue his dream of becoming a journalist. After working for newspapers, magazines, and Televisión Independiente de México, he finally landed a gig at Televisa where, on December 13th, 1969, he began the show that would leave an indelible mark on the history of Latino entertainment. For decades now, he's kept Mexican families glued to their TV screens, thanks to the impressive lineup of current and future stars like Luis Miguel, Miguel Bosé, José José, José Luis Perales, Julio and Enrique Iglesias, Verónica and Cristian Castro, Alejandro and Vicente Fernández, Pedro Vargas, Pedrito Fernández, Juan Gabriel, Roberto Carlos, Ricky Martin, Chayanne, and Yuri. The same was true with musicians and bands representing every conceivable genre. Known as a generous father and loving husband, he has been married twice, first to Hortensia Ruiz and the second to Dorle Klokow. If ever a talk show host had a catch phrase, Velasco did, as he cut to every commercial with "Aún hay más," ("There's more") a quote which he's now associated with across Latin America. With that as his motto, his program reached every corner of the Americas, Europe, and Asia. Velasco appeared as host for the final time on April 18th, 1998, when he retired and traveled to the United States in order to receive a liver transplant. He never returned to television, but in 2002 he published a book of poetry entitled *Reflexiones para vivir mejor*. And there is no better person than him for sharing such thoughts with the public. After all, Raúl Velasco lived to give the best of himself, which is to say, he lived the best life possible.

■El poder y la influencia de este impulsor de estrellas fueron tan grandes, que cualquier músico que quisiera triunfar en Latinoamérica debía actuar en *Siempre en domingo*, el programa mexicano que condujo durante casi tres décadas. Nacido en el seno de una familia del estado de Guanajuato, Raúl Velasco Ramírez ayudó a sus padres en la tienda familiar "La Violeta", hasta que a los 20 años llegó a Ciudad de México para tratar de cumplir su sueño de convertirse en periodista. Después de trabajar en diarios, revistas y la Televisión Independiente de México, finalmente llegó a Televisa, donde el 13 de diciembre de 1969 arrancó el show que lo haría formar parte de la historia del entretenimiento latino. Por años y años mantuvo a las familias mexicanas pegadas hasta siete horas a su televisor, gracias a programas por los cuales desfilaron astros del momento: Luis Miguel, Miguel Bosé, José José, José Luis Perales, Julio y Enrique

"TENGO MALA MEMORIA PARA LOS MALOS RECUERDOS".

Iglesias, Verónica y Cristian Castro, Alejandro y Vicente Fernández, Pedro Vargas, Pedrito Fernández, Juan Gabriel, Roberto Carlos, Ricky Martin, Chayanne y Yuri. Amén de las bandas juveniles, tropicales y gruperas. Conocido como un padre abnegado y esposo enamorado, estuvo casado dos veces, la primera vez con Hortensia Ruiz y la segunda con Dorle Klokow. Si el célebre presentador hubiera podido registrar una frase a su nombre, ésta habría sido: "Aún hay más", con la cual pasaba a los cortes comerciales y llegó a caracterizarlo en toda América Latina. Con ese lema, paseó su programa por todos los rincones de América, Asia y Europa. Velasco transmitió por última vez su show el 18 de abril de 1998, el cual dejó para someterse a un trasplante de hígado en Estados Unidos. Después de eso, no regresó a la pantalla chica, pero escribió un libro de poemas en el 2002: *Reflexiones para vivir mejor*. Nadie mejor que él para compartir ese tipo de pensamientos con su público. Después de todo, Raúl Velasco vivió dando lo mejor de él mismo, es decir vivió la mejor de las vidas.

CAETANO VELOSO

AUGUST 7TH 1942 • 7 DE AGOSTO, 1942

■He almost had to be born in Bahia, which has been the cradle of so many of Brazil's great poets, singers, and other artists. Either way—by influence or by tradition—he became the leader of a new musical movement called "Tropicália," which revitalized Brazilian music forever. Born Caetano Emanuel Viana Telles Veloso, he began writing his own songs in the early sixties. By the middle of the decade, he had taken top prize at a festival for his song "Um Dia." Not

"UP CLOSE, NOBODY IS NORMAL."

long after that, he had recorded his first album with Gal Costa, entitled *Domingo*, which included the song "Coração Vagabundo" which he dedicated to his first wife, Dedé Gadelha. With this record—and with other contemporaries like Gal Costa and his sister Maria Bethânia—he fused traditional folk music with modern pop, poetry, and electric guitars, resulting in his unique tropical style. During Brazil's military dictatorship, his unapologetically liberal views led to many of his records being banned, and he and Gilberto Gil went into a self-imposed exile in London. There, his music began to take on a longing, melancholic sound, especially in songs like "Canciones de exilio" and "Londres, Londres." He returned to Brazil in 1972, and was immediately hailed by the public as one of the "Doces Bárbaros," a select group of the best singers of that time. By the eighties, he was gaining fame throughout the world with appropriately named international hits like "Outras Palavras." It was also around this time when he married his second wife, the actress Paula Lavigne. In 1991, his live album *Circuladô* garnered some of his greatest critical success to date. With a discography of over four dozen albums and a number of film scores to his name, Caetano Veloso has conquered the hearts and ears of millions of people all over the globe, while at the same time revolutionizing the music of his homeland. As João Gilberto said, he "added an intellectual dimension to Brazilian popular music," and many people refer to him as the Bob Dylan of Brazil. His genius is eternal.

.

■Tenía que nacer en el estado de Bahía, la cuna de muchos de los máximos poetas, compositores y cantantes brasileños. Y así, haya sido por esa influencia o por tradición, llegó a liderar un movimiento musical denominado tropicalismo, columna y base del renacimiento de la música de su país. Su nombre completo es Caetano Emanuel Vianna Telles Velloso. Comenzó a componer sus primeras canciones a principios de los años sesenta. A mediados de esta década participó en el Festival de TV-Record, donde se llevó el premio al Mejor Compositor con el tema "Um Dia". Al poco tiempo estaba grabando junto a Gal Costa su primer disco, *Domingo*, en donde incluyó "Coração Vagabundo", dedicado a su primera esposa, Dedé Gadelha. Con este disco comienza, junto a otros contemporáneos como Gilberto Gil y Maria Bethânia (quien es además su hermana), a fusionar la música tradicional con el pop moderno, la poesía y las guitarras

"DE CERCA NADIE ES NORMAL".

eléctricas, para darle vida al tropicalismo. Por su ideología liberal fue arrestado y exiliado en Londres. La melancolía de su lejanía lo lleva a crear temas como: "Canciones de exilio" o "Londres, Londres". Regresó a su país a principios de los años setenta y enseguida el público lo incluye en los Doce Bárbaros, un selectísimo grupo formado por los más grandes intérpretes de la época. Para inicios de los años ochenta su nombre era reconocido no sólo en su país, sino internacionalmente, con temas emblemáticos como: "Outras Palavras". A mediados de esa década contrae segundas nupcias con la actriz Paula Lavigne. En ese entonces, su disco *Lo mejor de Caetano Veloso* se colocaba entre los más vendidos. Con el disco *Circulado Vivo*, en 1992, trasciende como los grandes de su país y su producción es catalogada como su obra maestra. Con una discografía de más de cuatro docenas de producciones, amén de haber escrito temas para algunas películas, Caetano Veloso ha revolucionado la música brasileña, todo a la vez que ha podido conquistar el corazón de millones de personas de diversas naciones y generaciones. Sin duda, su genio es imperecedero.

JOHNNY VENTURA

MARCH 8TH 1940 • 8 DE MARZO, 1940

■ As a boy, he wanted to be an architect, but he began singing as a teenager, and by the time he was an adult, he had redefined merengue music forever, restoring its popularity in his own country and bringing it to the attention of the world. Juan de Dios Ventura Soriano was born in Santo Domingo on March 8th, 1940. By 16, he had participated in a music competition, winning a scholarship to study music, vocal techniques, and locution. And before he turned 20, he'd begun performing under the name Johnny Ventura, though the press would soon also refer to him as "El caballo mayor." In 1964, he formed his own orchestra, and just one year later, he had half the world dancing to hits like "La coquetona," "La resbalosa," and "El turun tun tun." For the next 42 years, he was constantly writing, recording, and delighting the world with his music. His discography includes over 100 albums that defined the genre with songs

"MERENGUE IS IN THE DOMINICAN PEOPLE'S BLOOD."

like "Patacón pisao," "Merenguero hasta la Tambora," "María," "El elevador," and "El negrito." Ever an active spirit, he even received a law degree and became politically active in his home country. And all this while maintaining one of the most solid marriages in the business with his wife of over 30 years, Nelly Josefina Flores. In 2006, to the tears of his many fans, he held a press conference to announce his retirement from the music scene, arguing that, at his age, he didn't want his fans to pity him. But he was mistaken: after five decades of musical success, Ventura is far from inspiring pity. In fact, he continues to inspire joy and a love of dance.

■ De niño, quería ser arquitecto, en la adolescencia le dio por ser cantante y de adulto redefinió el destino del merengue al volverlo a poner de moda en su país y sacarlo a pasear por el mundo. Juan de Dios Ventura Soriano nació en Santo Domingo el 8 de marzo de 1940. A los 16 años participó en un concurso de cantantes en donde salió vencedor y ganó una

"LA SANGRE DEL DOMINICANO ES EL MERENGUE".

beca para estudiar música, técnica vocal y locución. Antes de los 20 años comenzó a cantar con el nombre de Johnny Ventura, aunque pronto el público y la prensa le comenzaron a llamar "El caballo mayor". En 1964 creó su propia orquesta y, apenas un año después, ya tenía a medio mundo bailando con éxitos como "La coquetona", "La resbalosa" y "El turun tun tun". Desde entonces, y hasta el 2006, no paró de recorrer escenarios, grabar discos y alegrar al mundo con su música. Su inventario musical abarca más de 100 discos, de los cuales se han desprendido canciones emblemáticas del género tropical, como: "Patacón pisao", "Merenguero hasta la Tambora", "María", "El elevador" o "El negrito". Poseedor de un espíritu inquieto, se graduó de abogado e incluso incursionó en la política de su país, lo que significó su retiro temporal de los escenarios. Todo mientras mantiene uno de los matrimonios más sólidos de esta industria, ya que lleva más de 30 años casado con Nelly Josefina Flores. En el 2006, para tristeza de todos sus fanáticos, anunció en rueda de prensa su retiro definitivo de los escenarios, argumentando que, en su tercera edad, no quería inspirarle lástima a su público. Pero se equivocó con esa aseveración, pues tras cinco décadas de alegres éxitos musicales, Ventura está muy lejos de inspirarle lástima a nadie… Solamente alegría ¡y ganas de bailar!

RAQUEL WELCH

SEPTEMBER 5TH 1940 • 5 DE SEPTIEMBRE, 1940

■One of the biggest sex symbols in film history is this beautiful Latina (her father was Bolivian and her mother was American). As a child she took ballet lessons and acting classes, and she went on to win a number of beauty pageants. She married in 1959, and from that point on, she ceased to be Jo Raquel Tejada and became Raquel Welch, taking the surname of her husband, James. When they divorced shortly thereafter, she worked as a model at a

"THE MIND CAN ALSO BE AN EROGENOUS ZONE."

clothing store and bussed tables in order to support her two young children. In 1962, she decided to try her luck in Hollywood. There, she met her new manager and second husband, Patrick Curtis. Her beauty began to garner attention, and after an unforgettable appearance on the cover of *Life* wearing nothing but a bikini, she secured a spot on the ABC television show *The Hollywood Palace*. Her big screen debut would come in 1964, when she had a cameo appearance in an Elvis Presley film. Her next few roles were also of a supporting nature, but eventually she began getting better and better offers. In 1970, *Playboy* named her its most desirable woman of the year, and in 1973, she won a Golden Globe for her role in *The Three Musketeers*. In the eighties, she had her third wedding, this time to André Weinfeld, and she returned to acting, this time performing in Broadway musicals to much critical acclaim. In the early nineties, she was again divorced, and appearing on the hit TV series *Central Park West, Spin City,* and *Seinfeld*. In 1999, she married her fourth husband, Richard Palmer, and returned to the big screen with a small role in the film *Legally Blonde*. In addition to a series of workout videos, she also produced a line of wigs and hair extensions. But above all, Raquel is a shining example to all women that they can be sexy, beautiful, and sensual at any age.

■Uno de los máximos símbolos sexuales de la historia del cine es esta bella mujer de ascendencia latina (su padre era boliviano y su madre estadounidense). De niña recibió clases de ballet y actuación, y de jovencita su atractivo físico la llevó a ganar varios certámenes de belleza. Se casó en 1959 y desde entonces dejó de ser Jo Raquel Tejada para convertirse en Raquel Welch, que era el apellido de su primer esposo, James Welch. Ya divorciada, trabajó de modelo para una tienda de ropa, así como de mesera, para poder sostener a sus dos hijos. En 1962 decidió mudarse a Hollywood. Allí conoció a su nuevo mánager quien además fue su segundo esposo, Patrick Curtis. Pronto su belleza llamó la atención y tras aparecer en una inolvidable portada de la revista *Life* (en la que sólo vestía un bikini) se aseguró un papel en la serie televisiva *The Hollywood Palace*. Su debut en la pantalla grande llegó en un minúsculo papel en una película de Elvis Presley, en 1964. Entonces vinieron otros, también secundarios, hasta que poco a poco fue teniendo

"LA MENTE TAMBIÉN PUEDE SER UNA ZONA ERÓGENA".

mejores intervenciones. En 1970, la revista *Playboy* la llamó la mujer más deseada de ese año. En 1973 recibió un premio Golden Globe por su actuación en *The Three Musketeers*. En los años ochenta se casó por tercera vez, con André Weinfeld y regresó a la actuación, esta vez en musicales de Broadway, en donde obtuvo excelentes críticas. A principios de los años noventa se divorció por tercera vez y apareció con frecuencia en importantes series de televisión como *Central Park West, Spin City* y *Seinfeld*. En 1999 se casó por cuarta ocasión, esta vez con Richard Palmer, y regresó al cine en un pequeño papel en la película *Legally Blonde*. Además de una serie de vídeos para mantenerse en forma, cuenta con su propia línea de pelucas y extensiones para el cabello, entre otros negocios. Pero sobre todo sigue siendo un ejemplo para las mujeres que, independientemente de su edad, pueden seguir siendo sexys, bellas y sensuales.

GUADALUPE YOLI
"LA LUPE"

DECEMBER 23RD 1939 – FEBRUARY 28TH 1992 • 23 DE DICIEMBRE, 1939 – 28 DE FEBRERO, 1992

■ La Lupe hit seventies Manhattan like a Caribbean hurricane. Her passion, both on and off the stage, redefined the term "spectacle," because during her surprising performances, anything could happen: from removing her clothes to punching the piano player. She occupies a place among the top great temperamental Latin divas of all time, including Olga Guillot, Rocío Jurado, Lupita D´Alessio, Amanda Miguel, Dulce, Eugenia León, Ednita Nazario and even Paquita la del Barrio. Although she experimented with soul music as well as other Latin genres, "Yiyiyi" (as she was also called) entered the annals of music history as a queen of heartbreak, thanks to her painful lyrics to such songs as "Tirana," "Qué te pedí," "Puro teatro," and "Se acabó". For many, La Lupe's appeal lay in the fact that she did things in public that others would only dream of: shout, cry, curse, in other words, really show her true feelings. Born in the San Pedrito neighborhood of Santiago de Cuba, she began her career there in her native land (where she married Eulogio Reyes in 1962) before exiling herself to the United States via Mexico after becoming disillusioned with Castro's regime. In New York, she realized her greatest success, performing with Mongo Santamaría and Tito Puente. Contstantly beseiged by rumors of drug use, she sank into a period of artistic decline, enduring tragedies such as an apartment fire, a fall which put her in a wheelchair, and the financial ruin which forced her to rely on charity. The ups and

"ACCORDING TO YOUR POINT OF VIEW, I'M THE BAD ONE."

downs of this sensual Cuban woman's life inspired tributes like the album *Tirana*, recorded by the versatile Mexican artist Eugenia León, a Spanish independent film, and an off-Broadway musical. But by far the greatest force behind the rebirth of her music occurred in the ninties when the iconic Spanish filmmaker Pedro Almodóvar included her song "Puro Teatro" in his award-winning film, *Women on the Verge of a Nervous Breakdown*.

■ Como huracán del Caribe, La Lupe llegó hasta el gélido Manhattan en los años sesenta y con su pasión, dentro y fuera del escenario, redefinió el término espectáculo, pues en sus sorpresivas actuaciones podía pasar cualquier cosa, desde quitarse la ropa hasta golpear al pianista. Su nombre ocupa un lugar destacado en la cima del apartado musical de

"SEGÚN TU PUNTO DE VISTA, YO SOY LA MALA".

grandes divas latinas de temperamento como Olga Guillot, Rocío Jurado, Lupita D´Alessio, Amanda Miguel, Dulce, Eugenia León, Ednita Nazario y hasta Paquita la del Barrio. Aunque incursionó en la música *soul* y diversos géneros latinos, la también llamada "Yiyiyi" pasó a la historia como una reina del despecho, gracias a las dolorosas letras de canciones como "Tirana", "Qué te pedí", "Puro teatro" y "Se acabó". Para muchos, el arrastre de La Lupe radica en que hacía en público lo que muchísimas personas querían hacer, pero no se atrevían: gritar, llorar, maldecir, desahogarse plenamente. La Lupe nació en la región cubana de Oriente y tras iniciar su carrera en su patria (donde se casó con Eulogio Reyes en 1962) se exilió en Estados Unidos, vía México, tras desilusionarse del régimen de Fidel Castro. En Nueva York alcanzó su mayor gloria de la mano de músicos como Mongo Santamaría y Tito Puente. Asediada con frecuencia por los rumores sobre el consumo de drogas, sufrió el declive artístico y vivió tragedias como el incendio de su departamento, una caída que la dejó en silla de ruedas y la ruina que la hizo recurrir a la beneficencia. La vida y trayectoria de la sensual cubana han merecido homenajes como el álbum *Tirana* que grabó la versátil mexicana Eugenia León, una película española independiente y un musical off-Broadway. El mayor impulso al renacimiento de su obra, sin embargo, fue provocado en los años noventa luego de que el icónico realizador español Pedro Almodóvar incluyó "Puro teatro" en su galardonada cinta *Mujeres al borde de un ataque de nervios*.

ACKNOWLEDGMENTS

From the very first time I spoke with Raymond García about the possibility of Penguin Group USA and *People en Español* doing a project together to highlight Hispanic legends in the world of entertainment, he injected me with his passion for an idea that was tailor-made for our magazine.

Today, *Legends* is a reality. And of course, as with any book, there's more than one person to thank. So, thank you to Raymond and his editorial staff at Penguin; to the Time Inc. team that made this possible: Alexandra Bliss, Richard Fraiman, Steven Sandonato and Helen Wan; my colleagues Peter Castro, Jackie Hernández and Margarita Lam; to Celeste Rodas-Juárez and mainly to my team: Chiara Alcivar-Rivera, Margarita Corporan, Natalia De Ory, Ángel Linares Lugo, María Morales, Carmen Orozco, Marlenni Taveras, Ernesto Sánchez, Mirtha Peña and Herman Vega who were the force behind *Legends*.

To Martha Nelson for her guidance and a special thanks, too, to all the luminaries who grace the pages of this book.

AGRADECIMIENTOS

Desde la primera vez que hablé con Raymond García sobre la posibilidad de hacer un proyecto en conjunto (Penguin Group USA y *People en Español*) sobre las leyendas hispanas del mundo del entretenimiento, me inyectó su pasión por una idea que parecía soñada para nuestra revista.

Hoy, *Leyendas* es una realidad. Y por supuesto, como en todo libro, hay más de una persona a quien agradecer. A Raymond y su equipo editorial en Penguin; al equipo de Time Inc. que hizo posible este proyecto: Alexandra Bliss, Richard Freiman, Steven Sandonato y Helen Wan; a mis colegas Peter Castro, Jackie Hernández-Fallous y Margarita Lam; a Celeste Rodas-Juárez y, principalmente, a mi equipo de trabajo: Chiara Alcivar-Rivera, Margarita Corporan, Natalia De Ory, Ángel Linares Lugo, María Morales, Carmen Orozco, Marlenni Taveras, Ernesto Sánchez, Mirtha Peña y Herman Vega, quienes fueron la fuerza motriz de *Leyendas*.

A Martha Nelson por ser mi guía y en especial, mi agradecimiento a todas las luminarias que engalan este libro.

PHOTOGRAPHY CREDITS/CRÉDITOS DE FOTOS

Antonio Aguilar: Mezcalent
Ernesto Alonso: Mezcalent
Angélica María: Mezcalent
Desi Arnaz: Metronome/HGE/Getty Images
Antonio Banderas: Armando Gallo/Retna Ltd.
Rubén Blades: Deborah Feingold/Corbis
Sonia Braga: Marc Royce/Corbis
Chico Buarque: Drew Farrell/Retna
Verónica Castro: Pedro Flores
Montserrat Caballé: Catherine Cabrol/Kipa/Corbis
Claudia de Colombia: REVISTA CROMOS
Willie Colón: Photo by Izzy Sanabria courtesy of Emusica Records, LLC
Fernando Colunga: Uriel Santana
Celia Cruz: Omar Cruz
Xavier Cugat: Everett Collection
Dolores del Río: John Kobal Foundation/Getty Images
Plácido Domingo: Teatro della Scala/epa/Corbis
Rocío Dúrcal: Newscom
Gloria Estefan: Spicer/Corbis Outline
José Feliciano: Michael Ochs Archives/Getty Images
María Félix: George Karger/Time & Life Pictures/Getty Images
Leopoldo Fernández "Tres Patines": Copyright © The Miami Herald by Bob East
Vicente Fernández: AFP Photo Steve Jaffe/Mezcalent
José Ferrer: Ray Fisher/Time & Life Pictures/Getty Images
Lupita Ferrer: Andrés Hernández
Lola Flores: Newscom
Andrés García: Mezcalent
Sara García: AGENCIA-MEXICO.COM
Carlos Gardel: Everett Collection
Lucho Gatica: Simon Cruz/AP Photo
Susana Giménez: Nicolás Kliczkowski
Roberto Gómez Bolaños "Chespirito": Mezcalent
Amparo Grisales: Alexander Tamargo/ENT/Getty Images
Juan Luis Guerra: Courtesy of EMI
Olga Guillot: clasos.com
Salma Hayek: Ondrea Barbe/Corbis Outline
Rita Hayworth: George Hurrell/HGE/Getty Images
Julio Iglesias: Mark Peterson/Corbis
Pedro Infante: Mezcalent
José José: Mezcalent
Joselito: Newscom
Juanes: Omar Cruz

Juan Gabriel: Newscom
Raúl Juliá: Bettmann/Corbis
Rocío Jurado: Efe
Mario Kreutzberger "Don Francisco": Raúl Vega/Corbis
Libertad Lamarque: Newscom
Fernando Lamas: John Springer Collection/CORBIS
Mirtha Legrand: Newscom
Israel López "Cachao": Carl Juste/Miami Herald/Newscom
Jennifer López: Todd Plitt/Contour by Getty Images
Marga López: Newscom
Lucero: Courtesy of EMI
Luis Miguel: Alberto Tolot
Armando Manzanero: Courtesy Manzamusic
Gloria Marín: Collection of Gloria Virginia Guadalupe Ramos Luna
Marisol: FOTOTECA MANUELA/EFE
Ricky Martin: Mike Ruiz/Contour by Getty Images
Lucía Méndez: Uriel Santana
Carmen Miranda: Everett Collection
Ricardo Montalbán: Alfred Eisenstaedt/Time & Life Pictures/Getty Images
Yolanda Montes "Tongolele": Héctor Herrera
Sarita Montiel: Bettmann/CORBIS
Benny Moré: Collection of John Radanovich
Mario Moreno "Cantinflas": Peter Stackpole/Time & Life Pictures/Getty Images
Rita Moreno: Silver Screen Collection/HGE/Getty Images
Marco Antonio Muñiz: Mezcalent
Jorge Negrete: Newscom
Adela Noriega: Bill Reitzel/Corbis
Ramón Novarro: John Springer Collection/CORBIS
Johnny Pacheco: Photo by Izzy Sanabria courtesy of Emusica Records, LLC
Andrea Palma: Everett Collection
Dámaso Pérez Prado: Bettmann/Corbis
Silvia Pinal: Everett Collection
Salvador Pineda: URIEL SANTANA/Crossover Agency/Mezcalent
Freddie Prinze: Everett Collection
Tito Puente: Everett Collection
Anthony Quinn: Everett Collection
Raphael: Courtesy of EMI
Elis Regina: Everett Collection
Chita Rivera: Saed Hindash/Star Ledger/Corbis
José Luis Rodríguez "El Puma": Grosby Group